MICHAELIS
S.O.S. INGLÊS

Guia Prático de Gramática

Marisa M. Jenkins de Britto
Mestre em Ciências Lingüísticas pela Puc–SP
(Lingüística Aplicada ao Ensino do Inglês)

Clóvis O. Gregorim
Mestre em Ciências Lingüísticas pela Puc–SP
(Lingüística Aplicada ao Ensino do Inglês)
e Doutor em Educação pela USP
(Lingüística Aplicada ao Ensino do Português)

MICHAELIS
S.O.S. INGLÊS

Guia Prático de Gramática

Dados Internacionais de Catalogação na Publicação (CIP)
(Câmara Brasileira do Livro, SP, Brasil)

Britto, Marisa M. Jenkins de
 MICHAELIS S.O.S. Inglês: guia prático de gramática /
Marisa M. Jenkins de Britto, Clóvis O. Gregorin – 5.ª ed.
São Paulo: Companhia Melhoramentos, 1997. – (Gramática)

ISBN 85-06-02638-5

1. Inglês – Estudo e ensino – Brasileiros I. Gregorin,
Clóvis O. II. Título. III. Série.

97-4320 CDD-428.2469

Índices para catálogo sistemático:
1. Inglês: Livros-texto para estrangeiros:
Português 428.2469
2. Inglês para estrangeiros: Português 428.2469

Capa: Jean E. Udry

© 1995 Clóvis O. Gregorim
© 1995 Marisa M. Jenkins de Britto

© 1995 Cia. Melhoramentos de São Paulo

Atendimento ao consumidor:
Caixa Postal 2547 – CEP 01065-970 – São Paulo – SP – Brasil

Edição: 16 15 14 13 12 11
Ano: 2004 03 02 01 00

Nx-I

ISBN: 85-06-02638-5

Impresso no Brasil

CONTENTS
(Sumário)

Introdução 11

A - PARTS OF SPEECH / PARTES DO DISCURSO

I - Nouns / Substantivos 15
Concrete Nouns / Substantivos Concretos 15
Abstract Nouns / Substantivos Abstratos 17
Gender of Nouns / Gênero dos Subtantivos 18
Plural of Nouns / Plural dos Substantivos 22
The Genitive Case / O Caso Genitivo 28
Uses of the Genitive Case / Usos do Caso Genitivo 32
The Noun as a Modifier /
   O Substantivo como Modificador 34
Syntactic Functions of Nouns /
   Funções Sintáticas do Substantivo 35

II - Articles / Artigos 39
The Definite Article / O Artigo Definido 39
General Uses of the Definite Article /
   Usos Gerais do Artigo Definido 40
Omissions of the Definite Article /
   Omissões do Artigo Definido 45
The Indefinite Article / O Artigo Indefinido 50
General Uses of the Indefinite Article /
   Usos Gerais do Artigo Indefinido 52
Omissions of the Indefinite Article /
   Omissões do Artigo Indefinido 55

III - Adjectives / Adjetivos 57
Agreement / Concordância 57
Position of the Adjective / Posição do Adjetivo 58
Order of the Adjectives / Ordem dos Adjetivos 59
Degrees of the Adjectives / Graus dos Adjetivos 61
Patterns of Comparison / Padrões de Comparação 62
Comparative Degree / Grau Comparativo 62
Superlative Degree / Grau Superlativo 66
Irregular Comparative and Superlative Forms /
   Formas Comparativas e Superlativas Irregulares 69

IV - Personal Pronouns, Possessives Adjectives and Pronouns, Demonstrative Adjectives and Pronouns /
   Pronomes Pessoais, Adjetivos e Pronomes Possesssivos,
   Adjetivos e Pronomes Demonstrativos 74
Personal Pronouns / Pronomes Pessoais 74
Subject Pronouns / Pronomes Retos 76
Object Pronouns / Pronomes Oblíquos 78
Reflexive / Emphatic Pronouns /
   Pronomes Reflexivos / Enfáticos 79
Possessive Adjectives and Pronouns /
   Adjetivos e Pronomes Possessivos 81
Demonstrative Adjectives and Pronouns / Adjetivos e
   Pronomes Demonstrativos 83

V - Indefinite Adjectives and Pronouns /
   Adjetivos e Pronomes Indefinidos 85
Some / any 85
No / none 89
Much / little / many / few 90
Little, a little / few, a few 92

Contents/Sumário

Several / enough 93
Each / every / all 94
Either / neither/ both 97
Somebody / someone / something 99
Anybody / anyone / anything 99
Nobody / no one / nothing 99
Everybody / everyone / everything 99
Indefinites with **of** Constructions /
   Indefinidos em Construções com **of** 102

VI - Interrogative Adjectives and Pronouns /
   Adjetivos e Pronomes Interrogativos 105
Who / Whom / Whose 106
Which / What 108
Other Uses of **What** / Outros Usos de **What** 111

VII - Relative Pronouns / Pronomes Relativos 113
Relative Pronouns in Restrictive Relative Clauses /
Pronomes Relativos em Orações Relativas Restritivas 114
Relative Pronouns in Non-restrictive Relative Clauses /
   Pronomes Relativos em Orações Relativas Explicativas 118

VIII - Verbs / Verbos 121
Verb Tenses / Tempos Verbais 121
Simple Present 121
Uses of the Simple Present / Usos do **Simple Present** 128
Present Progressive 130
Uses of the Present Progressive /
   Usos do **Present Progressive** 132
Simple Past 135
Uses of the Simple Past / Usos do **Simple Past** 140

Past Progressive 142
Uses of the Past Progressive / Usos do **Past Progressive** ... 144
Present Perfect 146
Uses of the Present Perfect / Usos do **Present Perfect** .. 148
Present Perfect Progressive 151
Uses of the Present Perfect Progressive /
  Usos do **Present Perfect Progressive** 153
Past Perfect 154
Uses of the Past Perfect / Usos do **Past Perfect** 156
Past Perfect Progressive 158
Uses of the Past Perfect Progressive /
  Usos do **Past Perfect Progressive** 160
Will Future / O Futuro com **WILL** 161
Going to Future / O Futuro com **GOING TO** 163
Uses of the **Will** Future / **Going to** Future /
  Usos do Futuro com **Will** e com **Going to** 165
Future Progressive 166
Uses of the Future Progressive / Usos do **Future Progressive** .. 168
Future Perfect 169
Uses of the Future Perfect / Usos do **Future Perfect** 171
Future Perfect Progressive 172
Uses of the Future Perfect Progressive /
  Usos do **Future Perfect Progressive** 174
Imperative 175
Uses of the Imperative / Usos do **Imperative** 176
The Passive Voice / A Voz Passiva 178
Uses of the Passive Voice / Usos da Voz Passiva 180

IX - The Modal Auxiliaries / Os Auxiliares Modais 183
Can / Could 183
May / Might 186

Contents/Sumário

Will / Shall 188
Must 191
Should 192
Ought to 194
Would 195
Used to 197
Would rather 198

X - Gerund and Participles / Gerúndio e Particípios 203
The Gerund / O Gerúndio 203
Uses of the Gerund / Usos do Gerúndio 204
The Participles / Os Particípios 208
Uses of the Present Participle / Usos do Particípio Presente 209
Uses of the Past Participle / Usos do Particípio Passado 211

XI - Adverbs / Advérbios 213
Kinds of Adverbs / Tipos de Advérbios 216
The Formation of Adverbs /
 A Formação dos Advérbios 218
The Comparison of Adverbs /
 A Comparação dos Advérbios 221
Comparative Degree of Superiority /
 Grau Comparativo de Superioridade 221
Comparative Degree of Equality /
 Grau Comparativo de Igualdade 222
Comparative Degree of Inferiority /
 Grau Comparativo de Inferioridade 223
Superlative / Superlativo 224
Irregular Comparisons / Comparações Irregulares 225
The Position of Adverbs / A Colocação dos Advérbios .. 226
Adverbial Expressions / Locuções Adverbiais 233
Sequence of Adverbs / Seqüência de Advérbios 234

XII - Prepositions and Prepositional Phrases /
    Preposições e Locuções Prepositivas 236
Place and Position / Lugar e Posição 236
Direction and Motion / Direção e Movimento 247
Time / Tempo 252
Manner, Instrument, Agent, and Means of Transportation /
   Modo, Instrumento, Agente e Meios de Transporte 260
Measurement and Amount / Medida e Quantidade 265
Some Other Prepositions / Algumas Outras Preposições .. 266
Verbs and Prepositions / Verbos e Preposições 269

XIII - Conjunctions / Conjunções 279
Coordination / Coordenação 279
Coordinate Conjunctions / Conjunções Coordenativas ... 280
Conjunctive Adverbs / Advérbios com Força Conjuntiva ... 283
Subordination / Subordinação 290
Subordinate Conjunctions / Conjunções Subordinativas .. 290

XIV - Interjections / Interjeições 301

B - APPENDIX / APÊNDICE

I - Some Spelling Rules / Algumas Regras Ortográficas .. 307
II - Capitalization / Uso de Maiúsculas 313
III - Punctuation / Pontuação 317
IV - Number / Números 329
V - The Two-word Verb / O Verbo de "Duas Palavras" .. 341
VI - Some Problematic Pairs / Alguns Pares Problemáticos .. 349
VII -Peculiarities of Language /
       Peculiaridades da Linguagem 367
VIII - List of Irregular Verbs / Lista de Verbos Irregulares ... 383
IX - General Index / Índice Geral 389

INTRODUÇÃO

Acreditamos que esta gramática será de grande utilidade para falantes do Português que tenham interesse pela aprendizagem da Língua Inglesa. Ela fornecerá subsídios essenciais para aqueles que estão iniciando seus estudos e concorrerá para a solução de dúvidas dos estudantes que já têm algum conhecimento da Língua Inglesa. Servirá, também, como guia para estudos individuais àqueles que pretendem ingressar na Universidade.

Apresentamos uma discussão sucinta e objetiva dos fatos lingüísticos, tendo sempre como foco de atenção o falante do Português.

Inicialmente, fazemos uma descrição das partes do discurso do Inglês (substantivos, adjetivos, pronomes, verbos etc.), que servirá como fonte de informação lingüística objetiva e atualizada. Dedicamos especial atenção àquelas áreas que apresentam diferenças entre o Inglês e o Português. Nesse sentido achamos que a citação dos exemplos, seguidos de suas equivalências em Português é, sem dúvida, muito esclarecedora.

No Apêndice, incluímos informações práticas com relação ao uso dos numerais, aos aspectos ortográficos, à pontuação etc., além de uma compilação de comparações populares e provérbios seguida das possíveis correspondências em Português. Completando o Apêndice, apresentamos uma lista de verbos irregulares com as traduções mais recorrentes em Língua Portuguesa.

O alvo que este trabalho busca atingir necessariamente restringe sua abrangência. Diante disso, omissões bem como deslizes podem ter ocorrido ao longo das descrições. Sua indicação pela crítica sensata poderá contribuir para o seu aprimoramento.

Os Autores

A - PARTS OF SPEECH
(PARTES DO DISCURSO)

I - Nouns
(Substantivos)

O substantivo é a parte do discurso com a qual nomeamos pessoas, lugares, instituições, coisas e abstrações:

God	Deus
man	homem
flower	flor
book	livro
joy	alegria

Há duas grandes categorias de substantivos: concretos e abstratos.

Concrete Nouns
(Substantivos Concretos)

Chamam-se concretos os substantivos que designam os seres propriamente ditos, isto é, os nomes de pessoas, lugares instituições e coisas.

Eles se dividem em:

a) **comuns** - substantivos que designam os seres de uma espécie:

man	homem
cat	gato

tree	árvore
table	mesa
diamond	diamante

b) **próprios** - substantivos que se reportam a um ser em particular:

Alice	Alice
the Danube	o Danúbio
Canada	Canadá
London	Londres
the Alps	os Alpes

c) **coletivos** - substantivos que indicam um conjunto de pessoas, animais ou coisas da mesma espécie:

swarm (of bees)	enxame (de abelhas)
fleet (of ships)	frota (de navios)
army (of soldiers)	exército (de soldados)
forest (of trees)	floresta (de árvores)
crowd (of people)	multidão (de pessoas)

Abstract Nouns
(Substantivos Abstratos)

Dá-se o nome de abstratos a todos os substantivos que indicam **qualidade, estado** e **ação**:

courage	coragem
fear	medo
goodness	bondade
effort	esforço
wisdom	sabedoria
sadness	tristeza
trip	viagem
joy	alegria
movement	movimento

Gender of Nouns
(Gênero dos Substantivos)

Há três gêneros em inglês: masculino, feminino e neutro.

a) Quando nos referimos a **homens, rapazes, garotos** e **animais machos** usamos o gênero masculino:

man homem
husband marido
son filho
horse cavalo

b) Quando nos referimos a **mulheres, moças, meninas** e **animais fêmeas** usamos o gênero feminino:

woman mulher
wife esposa
daughter filha
mare égua

c) Os demais substantivos, que indicam seres inanimados, são todos do gênero neutro:

book livro
tree árvore
television televisão

Nouns/Substantivos

EXCEÇÕES

Os substantivos **ship** (navio) e **moon** (lua) são considerados femininos:

- *The **ship** struck a big rock which almost destroyed **her**.*
  O navio bateu numa grande rocha que quase o destruiu.

- *The **moon** and **her** glorious beams enchanted everyone.*
  A lua e seus raios gloriosos encantaram a todos.

OBSERVAÇÃO

O gênero é também marcado através do uso do possessivo (**his**, **her**, **its**) ou de certos sufixos (-or, -ess etc).

- The **president** and **his** wife have just arrived.
  O presidente e sua esposa acabaram de chegar.

- *Professor Jones and **her** assistant are in the hall.*
  A professora Jones e sua assistente estão no saguão.

- *The **nuclear plant** has stopped again. **Its** problems are really serious.*
  A usina nuclear parou novamente. Seus problemas são realmente sérios.

- *The ambassad**or** has just left.*
  O embaixador acabou de sair.

- *The duch**ess** wants to see you.*
  A duquesa quer vê-lo.

Há três formas de indicar gênero em inglês:

a) **através de uma palavra diferente**

father	pai	mother	mãe
brother	irmão	sister	irmã
uncle	tio	aunt	tia
nephew	sobrinho	niece	sobrinha
boy	garoto	girl	garota
husband	marido	wife	esposa
groom	noivo	bride	noiva
man	homem	woman	mulher
son	filho	daughter	filha
king	rei	queen	rainha
lord	lorde	lady	dama
bachelor	solteirão	spinster	solteirona
monk	monge	nun	freira
wizard	feiticeiro	witch	bruxa
horse	cavalo	mare	égua
dog	cachorro	bitch	cadela
rooster	galo	hen	galinha
bull	touro	cow	vaca
drake	pato	duck	pata
ram	carneiro	ewe	ovelha

b) **através de sufixação:**

prince	príncipe	princess	princesa
baron	barão	baroness	baronesa
lion	leão	lioness	leoa
god	deus	goddess	deusa

actor	ator	**actress**	atriz
executor	executor	**executrix**	executora
prosecutor	promotor	**prosecutrix**	promotora
hero	herói	**heroine**	heroína
sultan	sultão	**sultana**	sultana
czar	tzar	**czarina**	tzarina

c) **através de prefixação** (**man / maid** para pessoas, **he / she** para animais e **cock / hen** para aves):

manservant	criado	**maidservant**	criada
he-bear	urso	**she-bear**	ursa
cock-pigeon	pombo	**hen-pigeon**	pomba

OBSERVAÇÃO

Muitos substantivos são comuns-de-dois, isto é, são usadas as mesmas formas para ambos os sexos:

artist	artista
cousin	primo/a
dentist	dentista
doctor	médico/a
enemy	inimigo/a
neighbor	vizinho/a
person	pessoa
seller	vendedor/a
slave	escravo/a
student	estudante
teacher	professor/a
thief	ladrão/a

Plural of Nouns
(Plural dos Substantivos)

1. A regra geral para a formação do plural é acrescentar um -S ao singular:

book	livro	**books**	livros
girl	garota	**girls**	garotas
day	dia	**days**	dias
table	mesa	**tables**	mesas

2. Os substantivos terminados em **-o, -ch, -sh, -ss, -x** e **-z** formam o plural acrescentando-se o sufixo **-es**:

hero	herói	**heroes**	heróis
tomato	tomate	**tomatoes**	tomates
church	igreja	**churches**	igrejas
watch	relógio	**watches**	relógios
brush	pincel	**brushes**	pincéis
wish	desejo	**wishes**	desejos
glass	copo	**glasses**	copos
box	caixa	**boxes**	caixas
buzz	zumbido	**buzzes**	zumbidos
topaz	topázio	**topazes**	topázios

Nouns/Substantivos

> **EXCEÇÕES**
>
> Palavras de origem grega, tendo o **-ch** com som de /k/:
>
> | | | | |
> |---|---|---|---|
> | **conch** | concha | **conchs** | conchas |
> | **monarch** | monarca | **monarchs** | monarcas |
> | **patriarch** | patriarca | **patriarchs** | patriarcas |

3. Palavras estrangeiras ou formas abreviadas em **-o** fazem o plural em **-s**

cello	violoncelo	**cellos**	violoncelos
dynamo	dínamo	**dynamos**	dínamos
ghetto	gueto	**ghettos**	guetos
kilo	quilo	**kilos**	quilos
libretto	libreto	**librettos**	libretos
magneto	magneto	**magnetos**	magnetos
piano	piano	**pianos**	pianos
photo	foto	**photos**	fotos
portfolio	pasta	**portfolios**	pastas
radio	rádio	**radios**	rádios
solo	solo	**solos**	solos
soprano	soprano	**sopranos**	sopranos
tango	tango	**tangos**	tangos
virtuoso	virtuoso	**virtuosos**	virtuosos

4. Os substantivos terminado em **-y**, precedidos de consoante, perdem o **-y** e recebem **-ies**:

country	país	**countries**	países
family	família	**families**	famílias
fly	mosca	**flies**	moscas
lady	senhora	**ladies**	senhoras
story	estória	**stories**	estórias

5. Os substantivos abaixo terminados em **-f** ou **-fe**, perdem essas letras e recebem **-ves**

calf	bezerro	**calves**	bezerro
elf	elfo	**elves**	elfos
half	metade	**halves**	metades
knife	faca	**knives**	facas
leaf	folha	**leaves**	folhas
life	vida	**lives**	vidas
loaf	pão	**loaves**	pães
self	a própria pessoa	**selves**	as próprias pessoas
sheaf	feixe	**sheaves**	feixes
shelf	estante	**shelves**	estantes
thief	ladrão	**thieves**	ladrões
wife	esposa	**wives**	esposas
wolf	lobo	**wolves**	lobos

6. Todos os demais substantivos terminados em **-f** ou **-fe** fazem o plural em **-s**:

chief	chefe	**chiefs**	chefes
cliff	penhasco	**cliffs**	penhascos
roof	telhado	**roofs**	telhados
fife	pífaro	**fifes**	pífaros
strife	briga	**strifes**	brigas

Nouns/Substantivos

7. Alguns substantivos passam por mudanças de vários tipos:

child	criança	**children**	crianças
ox	boi	**oxen**	bois
foot	pé	**feet**	pés
goose	ganso	**geese**	gansos
tooth	dente	**teeth**	dentes
gentleman	cavalheiro	**gentlemen**	cavalheiros
man	homem	**men**	homens
woman	mulher	**women**	mulheres
louse	piolho	**lice**	piolhos
mouse	camundongo	**mice**	camundongos

8. Com substantivos compostos, pluralizamos o seu componente principal:

brother-in-law	cunhado	**brothers-in-law**	cunhados
errand-boy	mensageiro	**errand-boys**	mensageiros
godfather	padrinho	**godfathers**	padrinhos
maidservant	criada	**maidservants**	criadas
stepdaughter	enteada	**stepdaughters**	enteadas

9. Substantivos de origem estrangeira (gregos ou latinos) mantêm seus plurais originais:

alumnus	ex-aluno	**alumni**	ex-alunos
analysis	análise	**analyses**	análises
axis	eixo	**axes**	eixos
bacillus	bacilo	**bacilli**	bacilos
bacterium	bactéria	**bacteria**	bactérias
basis	base	**bases**	bases

crisis	crise	**crises**	crises
criterion	critério	**criteria**	critérios
datum	dado	**data**	dados
erratum	errata	**errata**	erratas
hypothesis	hipótese	**hypotheses**	hipóteses
oasis	oásis	**oases**	oásis
phenomenon	fenômeno	**phenomena**	fenômenos
radius	raio	**radii**	raios
stratum	estrato	**strata**	estratos

Há, porém, uma tendência em pluralizar palavras de origem estrangeira com o plural inglês:

dogma	dogma	**dogmas**	dogmas
bureau	escritório comercial	**bureaus**	escritórios comerciais
stadium	estádio	**stadiums**	estádios
terminus	término	**terminuses**	términos
memorandum	memorando	**memorandums**	memorandos

10. Alguns substantivos apresentam a mesma forma para o singular e o plural:

deer	veado(s)
grouse	galinha(s) silvestre(s)
sheep	carneiro(s)
species	espécie(s)
fish*	peixe(s)
salmon	salmão(ões)
series	série(s)
trout	truta(s)

*admite também o plural **fishes**.

Nouns/Substantivos

11. Alguns substantivos, por conter a idéia de um grande número ou porque indicam que a entidade é composta de duas partes iguais, são somente usados no plural:

binoculars	binóculo
cattle	gado
glasses	óculos
jeans	jeans
knickers	calções
leggings	fusô
pajamas	pijama
pants	calça
pliers	alicate
pincers	pinça
police	polícia
scales	balança
scissors	tesoura
shorts	calção
tights	meia-calça
tongs	tenaz
trousers	calça

The Genitive Case
(O Caso Genitivo)

O caso genitivo, bastante freqüente em inglês moderno, é formado através de um 's para os substantivos no singular ou, simplesmente, ' para aqueles no plural:

the dog's food	a comida do cachorro
Shakespeare's sonnets	os sonetos de Shakespeare
the girls' uniforms	os uniformes das garotas
the boys' bedroom	o quarto dos meninos

1. Com os substantivos cujo plural não termina em -s, utiliza-se 's:

the children's toys	os brinquedos das crianças
the mice's nest	o ninho dos camundongos

2. Com nomes gregos e nomes incomuns, terminados em -s, usa-se apenas ':

Euripedes' plays	as peças de Eurípedes
Archimedes' law	a lei de Arquimedes
Hercules' labors	os trabalhos de Hércules
Keats' poetry	a poesia de Keats

Nouns/Substantivos

> **OBSERVAÇÃO**
>
> Usa-se, porém, **'s** com outros nomes próprios:
>
> | | |
> |---|---|
> | **Doris's husband** | o marido de Dóris |
> | **Charles's intentions** | as intenções de Charles |
> | **James's boat** | o barco de James |

3. Com nomes cujas últimas sílabas começam e terminam com um som sibilante, usa-se apenas **'**:

Francis' children	os filhos de Francis
Jesus' life	a vida de Jesus
Moses' law	a lei de Moisés

4. Com substantivos compostos, o último elemento recebe a marca do genitivo:

my sister-in-law's car	o carro da minha cunhada
the maidservant's room	o quarto da criada
your stepson's grades	as notas do seu enteado

5. Quando duas ou mais pessoas possuem alguma coisa <u>juntas</u>, apenas o último nome recebe a marca do genitivo:

John and Mary's plans	os planos de John e Mary
Alice, Tina, and Bob's trailer	o trailer de Alice, Tina e Bob

6. Quando duas ou mais pessoas possuem alguma coisa <u>separadamente</u>, todos os nomes recebem a marca do genitivo:

> **Geenas's and Nancy's dogs**
> os cachorros de Geena e Nancy
>
> **Paul's, Susan's, and Sandra's beach homes**
> as casas de praia de Paul, Susan e Sandra

O genitivo estabelece relações várias entre o núcleo e o modificador:

1. Relação de posse

Mary's dress	o vestido de Mary
the monkey's cage	a jaula do macaco

2. Relação de parentesco

Frank's mother	a mãe de Frank
Anne's husband	o marido de Anne

3. Relação de origem

Paul's telegram	o telegrama de Paul
Hollywood's actors	atores de Hollywood

4. Relação descritiva

a women's school	uma escola de garotas
the doctor's degree	o grau de doutor

Nouns/Substantivos

5. Relação parte-todo

Helen's legs	as pernas de Helen
the hotel's lobby	o saguão do hotel

6. Relação de medida

the plank's length	a extensão da prancha
the ship's width	a largura do navio

Uses of the Genitive Case
(Usos do Caso Genitivo)

1. Quando o possuidor for uma **pessoa** ou um **animal**:

    Alice's shoes — os sapatos de Alice
    the cat's collar — a coleira do gato

2. Em expressões de **tempo**, **espaço** e **peso**:

    a month's holidays — férias de um mês
    the boat's length — a extensão do barco
    a pound's weight — o peso de uma libra

3. Com substantivos que denotam **elementos da natureza**:

    the sun's rays — os raios do sol
    the earth's circumference — a circunferência da terra
    the sea's roar — o rugido do mar
    the wind's whistle — o assobio do vento
    the ocean's bottom — o fundo do oceano

4. Com **nomes geográficos**:

    Brazil's population — a população do Brasil
    Hollywood's studios — os estúdios de Hollywood

Nouns/Substantivos

5. Com substantivos que indicam **interesse especial à atividade humana**:

> **in freedom's name** — em nome da liberdade
> **science's discoveries** — as descobertas da ciência
> **the strike's end** — o fim da greve

6. Em **expressões idiomáticas**:

> **for God's sake** — pelo amor de Deus
> **for charity's sake** — por caridade
> **at arm's length** — à distância
> **within arm's reach** — de fácil acesso
> **at his wit's end** — completamente desorientado

The Noun as a Modifier
(O Substantivo como Modificador)

Há em inglês uma ocorrência considerável do substantivo como modificador de outro substantivo:

an atom bomb	uma bomba atômica
the police dogs	os cachorros policiais
the life guard	o salva-vidas
a silk dress	um vestido de seda
the apple pies	as tortas de maçã
a soccer field	um campo de futebol

Observe que nos exemplos anteriores, o substantivo como modificador permanece no singular, porém há certas construções que admitem a flexão de número:

the sports page	a página de esportes
the customs official	o fiscal da alfândega
the parcels delivery	a entrega dos volumes
an honors man	um homem honrado
the periodicals room	a sala de periódicos

Syntactic Functions of Nouns
(Funções Sintáticas do Substantivo)

1. Sujeito da oração:

- ***Paul** went to the coast.*
  Paul foi para o litoral.

- ***The dog** barked all night.*
  O cachorro latiu a noite inteira.

2. Predicativo do sujeito:

- *He is **my assistant**.*
  Ele é meu assitente.

- *She became **queen**.*
  Ela tornou-se rainha.

3. Aposto:

- *Mrs. Bells, **my secretary**, needs a chauffeur.*
  A Sra. Bells, minha secretária, precisa de um motorista particular.

- *This is my husband, **Paul Jones**.*
  Este é meu marido, Paul Jones.

4. Objeto direto:

- *They saw **Nancy** at the movies.*
  Eles viram Nancy no cinema.

- *I will prepare **the tests** tomorrow.*
  Eu prepararei as provas amanhã.

5. Adjunto adverbial com preposição:

- *The boat crashed **on the rocks**.*
  O barco bateu nas rochas.

- *We went **to the river**.*
  Nós fomos ao rio.

6. Objeto indireto sem preposição:

- *Paul sent **his mother** some money.*
  Paul enviou à sua mãe algum dinheiro.

- *I gave **Frank** a present.*
  Eu dei a Frank um presente.

- *Doris made **the children** a pie.*
  Dóris fez para as crianças uma torta.

7. Objeto indireto com preposição:

- *Paul sent some money **to his mother**.*
  Paul enviou algum dinheiro à sua mãe.

- *I gave a present **to Frank**.*
  Eu dei um presente a Frank.

- *Doris made a pie **for the children**.*
  Dóris fez uma torta para as crianças.

Nouns/Substantivos

8. Vocativo:

- *Good-morning, **Paul**! How are you?*
  Bom dia, Paul! Como vai?

- ***Susan**, come to my office, please.*
  Susan, venha até a minha sala, por favor.

- *Stop talking, **children**!*
  Parem de falar, crianças!

II - Articles
(Artigos)

Artigo é a classe de palavras que se antepõe ao substantivo para definir, limitar ou modificar seu uso. Os artigos dividem-se em **definido** e **indefinido**.

The Definite Article
(O Artigo Definido)

O artigo definido determina o substantivo, já conhecido do ouvinte ou leitor, de modo particular.

the book	o livro
the maid	a criada
the women	as mulheres
the soldier	o soldado
the animals	os animais

General Uses of the Definite Article
(Usos Gerais do Artigo Definido)

1. Diante de substantivos anteriormente mencionados, já definidos pelo falante ou escritor:

- *He wrote some letters and postcards. **The letters** were to his children.*
  Ele escreveu algumas cartas e cartões postais. As cartas eram para seus filhos.

- *Nancy bought a funny dress. **The dress** is full of small animals and big flowers.*
  Nancy comprou um vestido engraçado. O vestido é cheio de animaizinhos e flores enormes.

2. Antes de **substantivos** considerados como **entidades únicas**:

the earth	a terra
the equator	o equador
the sea	o mar
the sky	o céu
the universe	o universo
the weather	o tempo
the world	o mundo
the human race	a raça humana
the North Pole	o pólo norte

3. Com **nomes geográficos** (oceanos, mares, rios, canais, grupos de ilhas e cadeias de montanha):

the Atlantic Ocean	o Oceano Atlântico
the Red Sea	o Mar Vermelho
the Mississippi River	o rio Mississipi
the Panama Canal	o Canal do Panamá
the Bahamas	as Bahamas
the Alps	os Alpes

4. Com **nomes de jornais**:

    The Economist
    The New York Times
    The Observer
    The Village Voice

5. Com a maioria dos **nomes de edifícios**:

    the Capitol
    the Empire States
    the Louvre
    the Kremlin
    the Taj Mahal
    the Vatican

EXCEÇÕES

Buckingham Palace e todos os edifícios com a palavra **hall** (Carnegie Hall, Lilly Hall).

6. Diante de nomes de **cinemas, teatros, hotéis, restaurantes, clubes, museus, bibliotecas** e **galerias de arte**:

- *There's a foreign film festival at **the** Paramount.*
  Há um festival de filmes estrangeiros no Paramount.

- *I saw Barbra Streisand at **the** Palladium in 1975.*
  Eu vi Barbra Streisand no Palladium em 1975.

- *They have a reservation at **the** Plaza.*
  Eles têm uma reserva no Plaza.

- *We are going to have dinner at **the** Chinese Palace.*
  Nós vamos jantar no Chinese Palace.

- *They plan to go dancing at **the** Apollo.*
  Eles planejam ir dançar no Apollo.

- *You must visit **the** British Museum.*
  Você precisa visitar o British Museum.

- *The lecture at **the** Boston Library will start at seven o'clock.*
  A palestra na Boston Library começará às sete horas.

- *We bought that art print at **the** Tate Gallery.*
  Nós compramos aquela gravura na Tate Gallery.

7. Com os **superlativos**:

- *She's **the** most irritating person on earth.*
  Ela é a pessoa mais irritante da face da terra.

- *Tony is **the tallest** guy in our group.*
  Tony é o cara mais alto do nosso grupo.

Articles/Artigos

8. Com o **grau comparativo,** para indicar que duas coisas aumentam ou diminuem na mesma proporção:

- *The more I study math, the less I understand it.*
  Quanto mais eu estudo matemática, menos eu entendo.

- *The more she gets, the more she wants.*
  Quanto mais ela consegue, mais ela quer.

9. Com **numerais ordinais** indicando **ênfase numérica**:

- *This is the first time she comes to New York City.*
  Esta é a primeira vez que ela vem à Nova Iorque.

- *Pay attention now! It's the third time I give you the same instruction.*
  Preste atenção agora! É a terceira vez que lhe dou a mesma instrução.

10. Com **títulos de nobreza** ou designação de **cargos políticos**:

    the Queen of England   a Rainha da Inglaterra
    the President of France   o Presidente da França
    the Prince of Wales   o Príncipe de Gales
    the Governor of California   o Governador da Califórnia
    the Mayor of New York   o Prefeito de Nova Iorque

11. Antes de **instrumentos musicais**:

- *John plays the piano well.*
  John toca piano bem.

- *That girl who is playing the clarinet is Martha's sister.*
  Aquela garota que está tocando clarineta é irmã de Martha.

12. Com **nomes próprios** para indicar **a família toda** ou **especificar a pessoa** sobre a qual se fala:

- *The Martins went to Canada on vacation.*
  Os Martin foram para o Canadá em férias.

- *The Paul I'm talking about is Nelly's brother.*
  O Paul de quem estou falando é o irmão de Nelly.

Omissions of the Definite Article
(Omissões do Artigo Definido)

1. Antes de **nomes próprios, países, estados** e **cidades**:

- *Mr. Bogart will come later.*
  O Sr. Bogart chegará mais tarde.

- *Sandy bought a new TV set.*
  Sandy comprou um aparelho de TV novo.

- *France produces the best red wine.*
  A França produz o melhor vinho tinto.

- *They live in California.*
  Eles moram na Califórnia.

- *They will stay in Las Vegas for a while.*
  Eles ficarão em Las Vegas por algum tempo.

EXCEÇÕES

the Sudan	o Sudão
the Congo	o Congo
the United States	os Estados Unidos
the Netherlands	a Holanda
the Philippines	as Filipinas

2. Com substantivos no plural que indicam **generalização**:

- *Women are generally more sensitive than men.*
  As mulheres são geralmente mais sensíveis do que os homens.

- *People all over the world want to be happy.*
  As pessoas em todos os cantos do mundo querem ser felizes.

3. Antes de **substantivos abstratos** ou daqueles que indicam **material**:

- *We all need some little **happiness**.*
  Todos nós precisamos de um pouquinho de felicidade.

- *Most people fear **death**.*
  A maioria das pessoas tem medo da morte.

- ***Diamond** is a girl's best friend.*
  O diamante é o melhor amigo da mulher.

- *Silk is much used in summer.*
  A seda é bastante usada no verão.

OBSERVAÇÃO

Quando esses substantivos são especificados, o artigo é sempre usado.

- *The <u>happiness</u> she feels seems to be artificial.*
  A felicidade que ela sente parece ser artificial.

- *The <u>death</u> of the manager is still a mystery.*
  A morte do gerente ainda é um mistério.

- *The <u>diamond</u> Paul gave her is beautiful.*
  O diamante que Paul lhe deu é lindo.

- *The <u>gold</u> in my bracelet is 14 karats.*
  O ouro do meu bracelete é de 14 quilates.

- *The <u>silk</u> I brought from China is expensive.*
  A seda que eu trouxe da China é cara.

Articles/Artigos

4. Antes dos **nomes de refeições**:

- *I eat breakfast around seven.*
  Eu tomo o café da manhã lá pelas sete.

- *Dinner will be served at nine.*
  O jantar será servido às nove.

5. Diante de **certos substantivos** como **bed, church, court, hospital, prison, college, market, home, society** e **work**:

- *The kids go to **bed** at nine.*
  As crianças vão para a cama às nove.

- *We go to **church** every Sunday.*
  Nós vamos à igreja todos os domingos.

- *He'll send them all to **court**.*
  Ele vai levá-los todos para os tribunais.

- *Tony is still in **hospital**.*
  Tony ainda está no hospital.

- *The thieves were sent to **prison**.*
  Os ladrões foram mandados para a prisão.

- *Frank attends **college** in Florida.*
  Frank freqüenta uma faculdade na Flórida.

- *They don't go to **market** on Mondays.*
  Eles não vão ao mercado às segundas.

- *The students went **home**.*
  Os estudantes foram para casa.

- *He is trying to find a place in **society**.*
  Ele está tentando encontrar um lugar na sociedade.

- *My wife goes to work on foot.*
  Minha esposa vai para o trabalho a pé.

6. Antes das palavras **next** e **last,** no sentido genérico:

- *We all plan to fly to Europe next month.*
  Nós todos planejamos viajar para a Europa no mês que vem.

- *Last week, Sandra didn't come to school because she was sick.*
  Na semana passada, Sandra não veio à escola porque estava doente.

7. Diante de palavras que se referem a idiomas:

- *They speak English fluently.*
  Eles falam inglês fluentemente.

- *French and Rumanian are also romance languages.*
  O francês e o romeno também são línguas neolatinas.

- *Arabic is a very difficult language.*
  O árabe é uma língua muito difícil.

8. Com **nomes de ciências** e **disciplinas acadêmicas** quando usadas no sentido genérico:

- *Medicine also deals with the preservation of health.*
  A medicina também trata da preservação da saúde.

- *Chemistry and physics are required for that course.*
  Química e física são exigidas para aquele curso.

- *My favorite subjects are history and literature.*
  Minhas disciplinas favoritas são história e literatura.

Articles/Artigos 49

9. Antes de **substantivos** que indicam **meios de transporte**:

• *They came by*	boat. ship. *bus.* car. plane. train.	• Eles vieram de	barco. navio. ônibus. carro. avião. trem.

10. Com substantivos que se referem aos **períodos de um dia**:

• *He leaves for work at*	dawn. daybreak. sunrise. *noon.* *sunset.* dusk. night.

• Ele sai para o trabalho	ao romper d'alva. ao raiar o dia. ao nascer do sol. ao meio-dia. ao pôr do sol. ao cair da noite. à noite.

The Indefinite Article
(O artigo Indefinido)

O artigo indefinido determina, de modo geral, o substantivo ainda não conhecido do ouvinte ou leitor.

1. O artigo indefinido (**a/an**) é usado com **substantivos contáveis** no singular

an apple	uma maçã
a man	um homem
a unit	uma unidade
an egg	um ovo
a tree	uma árvore
a hotel	um hotel

2. O artigo pode ser **a** ou **an**. Usa-se **a** diante de substantivos que começam com consoantes ou com a vogal **u** com som de **yu**:

a boy	um menino
a television	uma televisão
a gorilla	um gorila
a university	uma universidade
a uniform	um uniforme

3. O artigo indefinido **an**, variante de **a**, é usado antes de substantivos que começam com vogais ou **h** mudo:

Articles/Artigos

an actor	um ator
an elephant	um elefante
an indian	um índio
an orange	uma laranja
an uproar	um tumulto
an heir	um herdeiro
an hour	uma hora

General Uses of the Indefinite Article
(Usos Gerais do Artigo Indefinido)

1. Antes de **ocupações**:

- *He is a mechanic.*
  Ele é mecânico.

- *She wants to become an astronaut.*
  Ela quer tornar-se astronauta.

2. Para introduzir o **complemento do verbo**:

- *Joan is a good-natured person.*
  Joan é uma pessoa de boa índole.

- *They need an old man to play the part of Harry.*
  Eles precisam de um velho para fazer o papel de Harry.

3. Antes de **sobrenomes** quando não conhecemos a pessoa:

- *Allan, there's a Mr. Bates on the phone.*
  Allan, há um Sr. Bates ao telefone.

- *Yesterday, a Mrs. Michaels came here to see you.*
  Ontem, uma Sra. Michaels esteve aqui para falar com você.

4. Diante das palavras **few** e **little** com sentido positivo (algum, alguns = o suficiente):

- *They keep a few hunting rifles in stock.*
  Eles mantém alguns rifles de caça em estoque.

Articles/Artigos 53

- *They keep a few hunting rifles in stock.*
  Eles mantém alguns rifles de caça em estoque.

- *I have a little time to attend you.*
  Eu tenho algum tempo para atendê-lo.

5. Antes de **numerais** ou **substantivos que implicam quantidade**:

- *We need a hundred pairs of boots.*
  Nós precisamos de uma centena de pares de botas.

- *John told us a thousand lies.*
  John nos contou mil mentiras.

- *She bought a dozen oranges.*
  Ela comprou uma dúzia de laranjas.

- *They need a gross of safety pins.*
  Eles precisam de uma grosa de alfinetes de segurança.

6. Antes de um **substantivo singular**, contável, usado como exemplo de uma **classe** ou **grupo**:

- *A lion has a mane.*
  Leão tem juba.

- *A dog is a good companion.*
  O cachorro é um bom companheiro.

- *A politician is usually corrupt.*
  Político é normalmente corrupto.

7. Com expressões que indicam **preço**, **velocidade** e

*five francs **a** dozen* — cinco francos a dúzia
*fifty miles **an** hour* — cinqüenta milhas por hora
*ninety kilometers **an** hour* — noventa quilômetros por hora
*three times **a** day* — três vezes ao dia
*five times **a** week* — cinco vezes por semana

8. Em **exclamações**, com substantivos contáveis no singular:

- *Oh! What **a** beautiful morning!*
  Ó! Que bela manhã!

- *What **a** rude person!*
  Que pessoa rude!

Omissions of the Indefinite Article
(Omissões do Artigo Indefinido)

1. Antes de **substantivos no plural**:

- *They're **doctors** from the health center.*
  Eles são médicos do centro de saúde.

- *Be careful! Those are ferocious **animals**.*
  Cuidado! Aqueles são animais ferozes.

2. Com **substantivos incontáveis**:

- *He wants (some)* coffee.
  tea.
  cheese.
  rice.
  air.
  generosity.
  love.

- Ele quer (um pouco de) café.
  chá.
  queijo.
  arroz.
  ar.
  generosidade.
  amor.

3. Diante de **substantivos abstratos,** no sentido genérico:

- *She was shaking with **fear***.
  Ela estava tremendo de medo.

- *They deserve **peace***.
  Eles merecem paz.

- *While there's **life**, there's **hope***.
  Enquanto há vida, há esperança.

4. Antes de **substantivos** que designam **refeições**:

- *I had **breakfast** at nine*.
  Eu tomei o café da manhã às nove.

- *We ate **lunch** at noon*.
  Nós almoçamos ao meio-dia.

- *They want **dinner** at seven*.
  Eles querem o jantar às sete.

OBSERVAÇÃO

Se o substantivo for adjetivado, usa-se o artigo:

- *I had **a big** breakfast at nine*
  Eu tomei um café da manhã reforçado às nove.

- *We ate **a delicious** lunch at noon*.
  Nós tivemos um almoço delicioso ao meio-dia.

- *They want **a small** dinner at seven*.
  Eles querem um jantar leve às sete.

III - Adjectives
(Adjetivos)

O adjetivo é uma palavra que carateriza ou qualifica um substantivo.

Agreement
(Concordância)

O adjetivo é invariável, isto é, tem a mesma forma antes de substantivo do gênero masculino, feminino ou neutro, no singular ou no plural.

a tall boy
um rapaz alto

tall boys
rapazes altos

a tall girl
uma moça alta

tall girls
moças altas

a tall building
um edifício alto

tall buildings
edifícios altos

Position of the Adjective
(Posição do Adjetivo)

O adjetivo é normalmente usado antes do substantivo:

- *a **large** house*
  uma casa grande
- ***blue** pencils*
  lápis azuis

Dois ou mais adjetivos podem modificar um mesmo substantivo:

- *a **large yellow** house*
  uma casa amarela grande

- *a **serious political** problem*
  um problema político grave

- ***beautiful red oriental** silk*
  bonita seda oriental vermelha

As conjunções **and** (e) e **but** (mas) podem ligar dois desses adjetivos:

- *a **long and tedious** class*
  uma aula longa e monótona

- *a **competent but rude young** doctor*
  um médico jovem competente, mas rude

O adjetivo é também usado depois de verbos como **be, become, appear, get, look, seem, feel, keep**, entre outros.

- *The house **was** large and sunny.*
  A casa era grande e ensolarada.

- *She **looked** sad and tired.*
  Ela parecia triste e cansada.

Order of the Adjectives
(Ordem dos Adjetivos)

Quando mais de um adjetivo modifica um substantivo, eles tendem a ocorrer em uma ordem determinada. A ordem é geralmente a seguinte:

1. material

- *plastic pots*
  vasos plásticos

2. nacionalidade / origem

- *Japanese plastic pots*
  vasos plásticos japoneses

3. cor

- *red Japanese plastic pots*
  vasos plásticos japoneses vermelhos

4. forma

- *round, red Japanese plastic pots*
  vasos plásticos japoneses, vermelhos, redondos

5. dimensão

- *big, round, red Japanese plastic pots*
  grandes vasos plásticos japoneses, vermelhos, redondos

6. qualidade

- *new, big, round red Japanese plastic pots*
  novos, grandes vasos plásticos japoneses, vermelhos, redondos

> **OBSERVAÇÃO**
>
> Construções com vários adjetivos modificando o mesmo substantivo não ocorrem com freqüência.

Degrees of the Adjectives
(Graus dos Adjetivos)

O adjetivo pode exprimir uma qualidade no grau comparativo ou no grau superlativo.

COMPARE

- *Kevin's house is **big***.
  A casa de Kevin é grande.

- *Kevin's house is **bigger than** mine*.
  A casa de Kevin é maior do que a minha.

- *Kevin's house is **the biggest** in the street*.
  A casa de Kevin é a maior da rua.

---

1. **big**   descreve uma qualidade da casa

2. **bigger**   indica que a qualidade **big** ocorre em um grau maior em uma casa do que na outra (grau comparativo)

3. **biggest**   indica que a qualidade **big** ocorre em um grau maior em uma casa do que em um grupo de casas (grau superlativo)

Patterns of Comparison
(Padrões de Comparação)

Comparative Degree
(Grau Comparativo)

1. De Superioridade

a. ADJETIVO + *er* + *than* ...

Com adjetivos de uma sílaba e alguns de duas sílabas, principalmente aqueles terminados em **-y, -ow, -er, -le**:

- *John is **stronger than** his brother.*
  John é mais forte do que seu irmão.

- *Doris is **thinner than** I.*
  Dóris é mais magra do que eu.

- *The blond woman is **prettier than** the others.*
  A mulher loura é mais bonita do que as outras.

Adjectives/Adjetivos 63

> **NOTA**
>
> Muitos adjetivos de duas sílabas terminados em **-y, -ow, -er, -le** também fazem o comparativo colocando **more** antes do adjetivo:
>
> | | |
> |---|---|
> | lovely | lovelier |
> | | more lovely |
> | shallow | shallower |
> | | more shallow |
> | slender | slenderer |
> | | more slender |
> | simple | simpler |
> | | more simple |

b. *more* + ADJETIVO + *than* ...

Com a maioria dos adjetivos de duas sílabas.

- *Ray is certainly **more famous than** his predecessor.*
  Ray é certamente mais famoso do que seu predecessor.

- *She is a **more careful** driver **than** her boyfriend.*
  Ela é uma motorista mais cuidadosa do que seu namorado.

Com adjetivos de três ou mais sílabas:

- *This lesson is **more difficult than** the previous one.*
  Esta lição é mais difícil do que a anterior.

- *I think he is **more intelligent than** Helen.*
  Acho que ele é mais inteligente do que Helen.

2. De Igualdade

a. *as* + ADJETIVO + *as* ...

Com adjetivos de uma ou mais sílabas, em frases afirmativas:

- *This box is **as big as** that one.*
  Esta caixa é tão grande quanto aquela.

- *She is **as attractive as** the other girl.*
  Ela é tão atraente quanto a outra garota.

b. *not* + *so (as)* + ADJETIVO + *as* ...

Com adjetivos de uma ou mais sílabas, em frases negativas:

- *Richard is **not so / as tall as** his father.*
  Richard não é tão alto quanto seu pai.

- *That old hotel **is not so /as expensive** as this new one.*
  Aquele velho hotel não é tão caro quanto este novo.

Adjectives/Adjetivos

3. De Inferioridade

a. *less* + ADJETIVO + *than* ...

Com adjetivos de uma ou mais sílabas.

- *It is **less cold** today **than** yesterday.*
  Está menos frio hoje do que ontem.

- *Edward is **less tolerant than** we.*
  Edward é menos tolerante do que nós.

> **NOTA**
>
> Quando **than** e **as** são seguidos de pronome, é freqüente o uso de pronomes do caso oblíquo (me, him, her etc.) em lugar dos pronomes do caso reto (I, he, she etc).
>
> - *He has **more** patience **than** I.*
>   *me.* (informal)
>   Ele tem mais paciência do que eu.
>
> - *They look **older** than she.*
>   *her.* (informal)
>   Eles parecem mais velhos do que ela.

Superlative Degree
(Grau Superlativo)

1. De Superioridade

a. *the* ADJETIVO + *est in ...*
                        of

Com adjetivos de uma sílaba e os de duas sílabas terminados em **-y, -ow, -er, -le**:

- *This dress is **the cheapest** in the shop.*
  Este vestido é o mais barato da loja.

- *He is **the cleverest** worker of all.*
  Ele é o trabalhador mais inteligente de todos.

NOTA

Muitos adjetivos terminados em **-y, -ow, -er** e **-le** também formam o superlativo com **most**:

lovely	loveliest
	most lovely
shallow	shallowest
	most shallow
slender	slenderest
	most slender
simple	simplest
	most simple

Adjectives/Adjetivos

b. *the most* + ADJETIVO *in ...*
                       of

Com a maioria dos adjetivos de duas sílabas:

- *This city is **the most modern** in the state.*
  Esta cidade é a mais moderna do Estado.

- *He is **the most famous** player in the team.*
  Ele é o jogador mais famoso do time.

Com adjetivos de duas ou mais sílabas:

- *Laura and Thomas are **the most generous** of all my friends.*
  Laura e Thomas são os mais generosos de todos os meus amigos.

- *Olivia is **the most competent** secretary in my office.*
  Olívia é a secretária mais competente do meu escritório.

2. De Inferioridade

a. *the least* + ADJETIVO *in ...*
                      of

Com adjetivos de uma ou mais sílabas:

- *At the moment, this is **the least interesting** film in town.*
  No momento, este é o filme menos interessante da cidade.

- *Pamela was **the least nervous** of all the candidates.*
  Pamela era a menos nervosa de todas as candidatas.

NOTA

A expressão superlativa pode ser completada:

1. por uma frase no plural, introduzida pela preposição **of**.

- *Harry is the most handsome **of the three boys**.*
  Harry é o mais bonito dos três rapazes.

- *As time went by, he became the least confident **of the political activists**.*
  Com o passar do tempo, ele se tornou o menos confiante dos ativistas políticos.

Mas:

- *That was the worst day **in / of my life**.*
  Aquele foi o pior dia da minha vida.

- *Spring is the most beautiful season **of the year**.*
  A primavera é a estação mais bonita do ano.

2. por uma frase no singular, introduzida pela preposição **in**, indicando lugar:

- *Christian is the most efficient seller **in the company**.*
  Christian é o vendedor mais eficiente da companhia.

- *Amazonas is the largest state **in Brazil**.*
  Amazonas é o maior estado do Brasil.

Irregular Comparative and Superlative Forms
(Formas Comparativas e Superlativas Irregulares)

Alguns adjetivos formam o grau comparativo e superlativo de modo irregular. São eles:

good	better	best
bad	worse	worst
much	more	most
many	more	most
little	less	least
far	farther	farthest
	further	furthest

NOTA

Muitos falantes de inglês não fazem distinção entre **farther**, **further** e **farthest**, **furthest**. No entanto, é comum o uso de **farther** e **farthest** quando nos referimos à distância, lugar e direção e **further** e **furthest** nos outros casos.

- *Peter's house is **farther** than Sam's.*
  A casa de Peter é mais distante do que a de Sam.

- *Which town in France is **the farthest** from Paris?*
  Que cidade na França é a mais distante de Paris?

Note que somente **further** pode ser usado com o significado de **more** (mais), **additional** (adicional).

- *Please, send me **further** information about the meeting.*
  Por favor, envie-me mais informações sobre o encontro.

Algumas Observações Importantes sobre o Uso da Comparação

1. As formas comparativas de superioridade e de inferioridade também podem ser precedidas do artigo **the** quando apenas duas pessoas ou coisas estão envolvidas na comparação.

- *Who is **the taller** of the two, Pedro or Paulo?*
  Quem é o mais alto dos dois, Pedro ou Paulo?

- *I bought **the more beautiful** of the two necklaces.*
  Comprei o mais bonito dos dois colares.

- *I think Mariana is **the less intelligent** of the two sisters.*
  Acho que Mariana é a menos inteligente das duas irmãs.

2. Para indicar aumento gradual ou diminuição gradual, usam-se dois comparativos ligados por **and**.

Aumento Gradual

- *He's getting **taller and taller**.*
  Ele está ficando cada vez mais alto.

- *As she gets older, she's becoming **more and more intolerant**.*
  À medida que fica mais velha, ela está se tornando cada vez mais intolerante.

Diminuição Gradual

- *I'm becoming **less and less interested** in politics.*
  Estou ficando cada vez menos interessado em política.

Adjectives/Adjetivos

3. Para indicar que alguma coisa aumenta ou diminui em relação à outra, usa-se a estrutura **the + comparativo ... the + comparativo**.

- ***The more** money he earns, **the more** money he spends.*
  Quanto mais dinheiro ele ganha, mais dinheiro ele gasta.

- ***The fatter** he gets, **the sadder** he becomes.*
  Quanto mais gordo ele fica, mais triste se torna.

- ***The less** fat you eat, **the better** it will be.*
  Quanto menos gordura você comer, melhor será.

4. Nas comparações com indicação de proporção, usam-se em inglês as expressões adverbiais **twice** (duas vezes), **three times** (três vezes) etc., seguidas da estrutura **as + adjetivo + as**. Note que em português, em lugar da forma comparativa de igualdade, usa-se a forma comparativa de superioridade.

- *Carla's house is **three times as big as** mine.*
  A casa de Carla é três vezes maior do que a minha.

- *This river is **twice as long as** that one.*
  Este rio é duas vezes maior do que aquele.

IV - Personal Pronouns, Possessive Adjectives and Pronouns, Demonstrative Adjectives and Pronouns
(Pronomes Pessoais, Adjetivos e Pronomes Possessivos e Pronomes Demonstrativos)

Personal Pronouns
(Pronomes Pessoais)

Os pronomes pessoais são usados para substituir nomes mencionados anteriormente.

☞ **Subject Pronouns**
  (Pronomes Retos)

I	eu
you	tu, você, o senhor, a senhora
he	ele
she	ela
it	ele, ela (neutro)
we	nós
you	vós, vocês, os senhores, as senhoras
they	eles, elas (masculino, feminino, neutro)

☞ Object Pronouns
(Pronomes Oblíquos)

me	me, mim
you	te, ti, lhe, o, a, o senhor, a senhora
his	lhe, o
her	lhe, a
it	lhe, o, a (neutro)
us	nos
you	vos, lhes, os, as, vocês, os senhores, as senhoras
them	lhes, os, as (masculino, feminino, neutro)

☞ Reflexive/Emphatic Pronouns
(Pronomes Reflexivos/Enfáticos)

myself	me, eu mesmo (a)
yourself	te, ti mesmo (a), você mesmo (a), o senhor mesmo, a senhora mesma
himself	se, si mesmo, ele mesmo
herself	se, si mesma, ela mesma
itself	se, si mesmo (a), ele mesmo, ela mesma (neutro)
ourselves	nos, nós mesmos
yourselves	vos, vós mesmos (as), vocês mesmos (as), os senhores mesmos, as senhoras mesmas
themselves	se, si mesmos (as), eles mesmos, elas mesmas, (masculino, feminino, neutro)

Pronouns and Adjectives/Pronomes e Adjetivos

> **NOTA**
>
> Em inglês os pronomes pessoais têm três formas na 3ª pessoa do singular: **he (him, himself)** que se refere aos seres do sexo masculino e animais machos; **she (her, herself)**, que se refere a seres do sexo feminino e animais fêmeas; **it (it, itself)**, que se refere a seres inanimados e animais quando o sexo não é importante ou não é conhecido. É também comum o uso de **it** para bebês. **They (them, themselves)** é o plural dos três gêneros.

Subject Pronouns
(Pronomes Retos)

Os pronomes retos podem funcionar como sujeito ou como complemento predicativo.

- *He has a lot of friends here.* (sujeito)
  Ele tem muitos amigos aqui.

- *Was she who answered the phone.* (complemento predicativo)
  Foi ela quem atendeu o telefone.

- *Who's there? It's I.* (complemento predicativo)
  Quem está aí? Sou eu.

Observe que em frases curtas, como a última, o pronome reto é geralmente substituído pelo pronome oblíquo.

- *Who's there? It's me.*

O Pronome It

Além de ser usado para se referir a coisas e a animais, o pronome **it** é usado para preencher, em algumas orações, a posição de sujeito. Observe alguns usos especiais de **it**.

1. Frases impessoais (indicando tempo atmosférico, distância, temperatura etc)

- *It's snowing.*
  Está nevando.

- *It's very hot today.*
  Está muito quente hoje.

- *It's more than 800 miles from here to the coast.*
  São mais de 800 milhas daqui até a costa.

2. Identificação

- *Who's that? It's Marina Ford.*
  Quem é aquela? É Marina Ford.

- *Who is it on the phone? It's Barbara Keller.*
  Quem está ao telefone? É Bárbara Keller.

(depois que a pessoa é identificada, **he** ou **she** deve ser usado)

Object Pronouns
(Pronomes Oblíquos)

Os pronomes oblíquos podem funcionar como objeto direto, objeto indireto ou complemento de preposição.

- *I saw **him** last night.* (objeto direto)
  Eu o vi ontem à noite.

- *Please, write **them** as soon as possible.* (objeto indireto)
  Por favor, escreva-lhes tão logo seja possível.

- *Don't forget to talk to **her** tomorrow.* (complemento de preposição)
  Não se esqueça de falar com ela amanhã.

NOTA

É freqüente o uso do pronome do caso oblíquo em lugar do pronome do caso reto em orações comparativas:

- *He's taller than **me**.*

      em lugar de:

- *He's taller than **I**.*
  Ele é mais alto do que eu.

Reflexive / Emphatic Pronouns
(Pronomes Reflexivos / Enfáticos)

Como reflexivos, os pronomes **myself**, **yourself** etc. têm as mesmas funções que os pronomes oblíquos. Eles são usados como objeto direto, indireto e complemento da preposição e indicam que esses elementos se referem ao sujeito da oração.

- *The poor man shot **himself** in despair.* (objeto direto)
  O pobre homem atirou em si mesmo em desespero.

- *Carol prepared **herself** a drink.* (objeto indireto)
  Carol preparou para si mesma uma bebida.

- *Anita and Julian love to talk about **themselves**.*
  (complemento da preposição).
  Anita e Julian adoram falar sobre si mesmos.

Como pronomes enfáticos, **myself, yourself** etc. são usados para dar ênfase ao sujeito ou ao objeto da oração, representados por um substantivo ou um pronome. Eles são geralmente colocados logo após essas palavras, mas quando dão ênfase ao sujeito, podem também vir colocados no fim da frase.

- *Emily **herself** cooked the dinner.* (enfatiza o sujeito)
  *Emily cooked the dinner **herself**.*
  Emily preparou o jantar ela mesma.

- *I saw the president **himself** visiting those sick children.*
  (enfatiza o objeto)
  Eu vi o presidente ele mesmo visitando aquelas crianças doentes.

Com a preposição **by** (by myself, by yourself etc.) esses pronomes dão idéia de "sozinho", "sem ajuda".

- *Eddie is quite young, but he walks to school **by himself**.*
  Eddie é bem pequeno, mas vai para a escola a pé sozinho.

- *Last night Eve went to the movies **by herself**.*
  Ontem à noite, Eve foi ao cinema sozinha.

Possessive Adjectives and Pronouns
(Adjetivos e Pronomes Possessivos)

Adjetivo	Pronome	
my	mine	meu(s), minha(s)
your	yours	teu(s) tua(s), seu(s), sua(s), do senhor, da senhora
his	his	seu(s), sua(s), dele
her	hers	seu(s), sua(s), dela
its	its	seu(s), sua(s), dele, dela (neutro)
our	ours	nosso(s), nossa(s)
your	yours	vosso(s), vossa(s), seu(s), sua(s), dos senhores, das senhoras
their	theirs	seu(s), sua(s), deles, delas (masculino, feminino, neutro)

Os adjetivos e pronomes possessivos são usados para expressar uma relação de posse.

    my son   meu filho
    his life   sua vida (dele)
    her job   seu emprego (dela)
    their house   a casa deles

Os possessivos são adjetivos quando usados seguidos de um substantivo e pronomes quando aparecem sozinhos, substituindo o adjetivo possessivo mais o substantivo.

- *"Jane is coming with **her** parents* (adjetivo)
  *Why don't you bring **yours**?"* (pronome = your parents)
  "Jane virá com seus pais. Por que você não traz os seus?"

- *"Is that **your** motorcycle?"* (adjetivo)
  *"No, it's **his**."* (pronome = his motorcycle)
  "Aquela é a sua motocicleta? Não, é a dele."

O adjetivo e o pronome possessivo em inglês concordam em gênero e número com o possuidor e não com a coisa possuída, como em português.

- *I like **Mr. Parker**, but I don't like **his** wife.*
  Gosto de Mr. Parker, mas não gosto de sua esposa.

- *Are **Ann and Philip** living in **their** new house?*
  Ann e Philip estão morando na sua nova casa?

- *The **Grand Canyon** is famous for **its** beautiful landscapes.*
  O Grand Canyon é famoso por suas lindas paisagens.

NOTAS

1. Em inglês, usa-se o adjetivo possessivo quando nos referimos a partes do corpo.

- *She's very young, but she brushes **her** teeth and combs **her** hair alone.*
  Ela é muito pequena, mas escova os dentes e penteia o cabelo sozinha.

2. A palavra **own** pode ser usada depois do adjetivo para enfatizar a idéia de posse.

- *The children always make their **own** beds.*
  As crianças sempre fazem suas próprias camas.

Demonstrative Adjectives and Pronouns
(Adjetivos e Pronomes Demonstrativos)

Os adjetivos e pronomes demonstrativos são usados para indicar a localização física das pessoas e coisas e também para identificá-las:

SINGULAR	PLURAL
this	**these**
este, esta, isto	estes, estas
that	**those**
esse, essa, isso	esses, essas
aquele, aquela, aquilo	aqueles, aquelas

This e **these** indicam que a pessoa ou coisa à qual se referem está perto de quem fala:

- *This is my brother.*
  Este é meu irmão.

- *These are my brothers.*
  Estes são meus irmãos.

That e **those** indicam que a pessoa ou coisa está longe de quem fala e perto da pessoa a quem se fala (esse (s), essa (s), isso) ou longe dos dois (aquele (s), aquela (s), aquilo).

- *That is the best hotel in town.*
  Aquele é o melhor hotel da cidade.

- *Those apples are really delicious.*
  Aquelas / essas maçãs são realmente deliciosas.

Os demonstrativos funcionam tanto como adjetivos quanto como pronomes. Como adjetivos eles são seguidos de um substantivo; como pronomes, eles substituem o substantivo.

- ***This** dress is beautiful, but it's very expensive. (adjetivo)*
  Este vestido é bonito, mais é muito caro.

- ***This** is Bob's test. Please, show it to him. (pronome)*
  Este é o teste de Bob. Por favor, mostre-o a ele.

Observe que **this** e **that** são os únicos adjetivos em inglês que concordam em número com o substantivo:

- ***This** picture*   ·***These** pictures*
  Este quadro   Estes quadros

- ***That** picture*   ·***Those** pictures*
  Aquele quadro   Aqueles quadros

O pronome **one** é freqüentemente usado depois dos adjetivos demonstrativos. O uso da forma plural **ones**, no entanto não é comum.

- *Don't buy **this** necklace, **that (one)** is more beautiful.*
  Não compre este colar, aquele é mais bonito.

- ***This** lesson is more difficult than **that (one)**.*
  Esta lição é mais difícil do que aquela.

O uso de **one / ones** é essencial sempre que o demonstrativo for seguido de um adjetivo:

- *Please, don't put **these** white candles there; put **those** red **ones**.*
  Por favor, não coloque essas velas brancas lá; coloque aquelas vermelhas.

V - Indefinite Adjectives and Pronouns
(Adjetivos e Pronomes Indefinidos)

Os adjetivos e pronomes indefinidos se referem a pessoas ou coisas de um modo vago e impreciso. São eles:

some	much	several	all
any	many	enough	either
no	little	each	neither
none	few	every	both

Some/Any

some = algum, alguma, alguns, algumas
any = algum, alguma, alguns, algumas, nenhum, nenhuma

Some e **any** são usados tanto com substantivos incontáveis como com substantivos contáveis no plural. Eles indicam "uma certa quantidade" ou "um certo número". Na frase negativa, **any** indica ausência de quantidade ou número.

- *Would you please give me **some** sugar?*
  Você poderia me dar um pouco de açúcar?

- *I saw **some** children in the park this morning.*
  Vi algumas crianças no parque esta manhã.

> **NOTA**
>
> **Some** pode ser usado com substantivo contável no singular para indicar que a pessoa ou coisa é desconhecida ou que o falante não considera importante identificar.
>
> - *Some woman outside wants to talk to you.*
>   Uma mulher lá fora quer falar com você.

Some e **any** são usados como adjetivos, isto é, precedendo um substantivo ou como pronomes, substituindo o substantivo.

- *Please, bring me some magazines* (adjetivo)
  Por favor, traga-me algumas revistas.

- *"Has he made any mistakes?"* (adjetivo)
  "Yes, he's made some." (pronome = some mistakes)
  "Ele cometeu algum erro?"
  "Sim, cometeu alguns."

Some é geralmente usado em frases afirmativas.

- *He has some good ideas.*
  Ele tem algumas idéias boas.

- *There's some icecream in the refrigerator.*
  Há um pouco de sorvete na geladeira.

Some é também usado em frases interrogativas e interrogativas-negativas que indicam:

Pronouns and Adjectives/Pronomes e Adjetivos

☞ **oferecimento ou pedido**

- *Do you want **some** coffee?*
  Você quer café?

- *Couldn't you buy me **some** flowers?*
  Você poderia me comprar algumas flores?

☞ **a expectativa por parte do falante de uma resposta afirmativa**

- *Aren't there **some** books on the table?*
  (there are some books on the table, aren't there?)
  Não há alguns livros sobre a mesa?
  (há alguns livros sobre a mesa, não há?)

Any é usado em frases negativas, em frases interrogativas e interrogativas-negativas.

- *There isn't **any** orange juice left.*
  Não sobrou nenhum suco de laranja.

- *Do you have **any** relatives here?*
  Você tem algum parente aqui?

- *Don't you have **any** relatives here?*
  Você não tem nenhum parente aqui?

Any é usado depois de certas palavras que têm uma conotação negativa. Isso ocorre com a preposição **without** (sem) e advérbios como **hardly**, **scarcely**, **barely** (quase não) **rarely**, **seldom** (raramente).

- *I opened the door **without any** difficulty.*
  Abri a porta sem nenhuma dificuldade.

- *He **hardly** has **any** time for leisure.*
  Ele quase não tem tempo para lazer.

- *They **seldom** give us **any** help.*
  Eles raramente nos dão alguma ajuda.

Any é também usado em frases afirmativas, com substantivo contável no singular significando "não importa qual", "qualquer um (a)".

- *Take **any** pen you like.*
  Pegue qualquer caneta de que você goste.

- ***Any** street you take will lead you downtown.*
  Qualquer rua que você escolher, o levará ao centro da cidade.

Pronouns and Adjectives/Pronomes e Adjetivos

> **No / None**
>
> **no** = nenhum, nenhuma
> **none** = nenhum, nenhuma, ninguém

No e **none** são usados com verbos na forma afirmativa e expressam uma negativa.

No é sempre um adjetivo e pode ser usado com substantivos incontáveis e com contáveis no singular ou no plural.

- *He has **no** free time today.*
  Ele não tem nenhum tempo livre hoje.

- *There was **no** seat available. I had to stand.*
  Não havia nenhum lugar disponível. Tive que ficar em pé.

- *There are **no** good hotels in this town.*
  Não há bons hotéis nesta cidade.

None é sempre um pronome e se refere a pessoas ou coisas, no singular ou no plural.

- *"I'd like some ham."*
  *"Sorry, there is **none** (no ham).*"
  "Eu gostaria de um pouco de presunto."
  "Sinto muito, não há nenhum."

- *"I want to talk to some of the students now!"*
  *"**None of them** are here at the moment, sir."*
  "Quero falar com alguns dos alunos agora."
  "Não há nenhum aqui no momento, senhor."

Much / Little / Many / Few

> much = muito, muita
> little = pouco, pouca
> many = muitos, muitas
> few = poucos, poucas

Much e **little** são usados com substantivos incontáveis. Ambos podem ser usados como pronomes.

- *He doesn't drink **much** coffee. (adjetivo)*
  Ele não bebe muito café.

- *She drinks **little** tea. (adjetivo)*
  Ela bebe pouco chá.

- *"How **much** money did you spend in your last trip?"*
  *"Not **much**. (pronome)"*
  "Quanto dinheiro você gastou na sua última viagem?"
  "Não muito."

- *She said there was a lot of food in the refrigerator, but there was **little**. (pronome).*
  Ela disse que havia muita comida na geladeira, mas havia pouca.

Many e **few** são usadas com substantivos contáveis no plural.

- *We didn't see **many** beautiful paintings in the museum.*
  Não vimos muitas pinturas bonitas no museu.

- *There were **few** people at the show.*
  Havia poucas pessoas no show.

Pronouns and Adjectives/Pronomes e Adjetivos

Much e **many** são usados de preferência em frases negativas e interrogativas. Em frases afirmativas, eles são geralmente substituídos por **a lot of**, **lots of** ou **plenty of**.

- *He spends* | *a lot of* | *money on books.*
  | *lots of* |
  | *plenty of* |

  Ela gasta muito dinheiro com livros.

- *She has* | *a lot of* | *friends at the university.*
  | *lots of* |
  | *plenty of* |

  Ela tem muitos amigos na universidade.

NOTA

Less, que é a forma comparativa de **little**, é freqüentemente usado com substantivos contáveis no plural, alternando com **fewer**.

- *My children have **fewer** toys than yours.*
  less

  Meus filhos têm menos brinquedos do que os seus.

- *Her French is good. She always makes **fewer** mistakes than the others.* *less*

  O francês dela é bom. Ela sempre comete menos erros do que os outros.

Little, a little, few, a few

little	=	pouco(a), quase nenhum
a little	=	não muito(a), mas algum (a)
few	=	pouco(as), quase nenhum(a)
a few	=	não muitos(as), mas alguns, algumas

Little e **few** têm uma conotação negativa e expressam escassez. No entanto, quando precedidos do artigo indefinido (**a little**, **a few**), passam a ter um significado positivo.

COMPARE

- *There is **little** coffee at home. Would you please buy some?*
  Há pouco café em casa. Você compraria um pouco, por favor?

- *Don't go the supermarket now. We have **a little** coffee at home and I think it's enough.*
  Não vá ao supermercado agora. Temos um pouco de café em casa e acho que é o bastante.

- ***Few** people came over for the talk on AIDS. Carol was disappointed.*
  Poucas pessoas apareceram para a palestra sobre AIDS. Carol ficou desapontada.

- ***A few** people came over for the talk on AIDS. It was a good beginning for the campaign.*
  Algumas pessoas apareceram para a palestra sobre AIDS. Foi um bom começo para a campanha.

Several/Enough

several = vários, várias, diversos, diversas
enough = bastante

Several é usado apenas com substantivos contáveis no plural. Ele pode ser adjetivo e pronome.

- *Several students were standing near the door.* (adjetivo)
  Vários estudantes estavam em pé junto à porta.

- *"Did all the boys walk home?"*
  "No, several decided to take a bus." (pronome)
  "Todos os rapazes foram a pé para casa?"
  "Não, vários decidiram pegar um ônibus."

Enough é usado com substantivos incontáveis e com substantivos contáveis no plural. Indica uma quantidade considerada "suficiente" para um determinado fim. É usado como adjetivo e pronome.

- *I wanted to go to the movies, but I didn't have enough money.* (adjetivo)
  Eu queria ir ao cinema, mas não tinha dinheiro suficiente.

- *Don't give me more work. I have enough. (pronome)*
  Não me dê mais trabalho. Tenho bastante.

Quando **enough** é usado como <u>adjetivo</u>, ele pode vir antes ou depois do substantivo.

- *There are **enough** people now. We can begin the presentation.*
          *people **enough***
  Há bastante pessoas agora. Podemos começar a apresentação.

Each / Every / All

each = cada (cada um em particular)
every = cada (no sentido de todos)
all = todo(s), toda(s)

Each e **every** são usados com substantivos contáveis no singular. **Each** pode ser usado como adjetivo e pronome, enquanto que **every** é sempre um adjetivo.

OBSERVE

- *The party was very good. **Each** /**Every** child brought a soft drink and some snacks.* (adjetivo)
A festa foi muito boa. Cada criança trouxe um refrigerante e alguns salgadinhos.
Todas as crianças trouxeram um refrigerante e alguns salgadinhos.

- *Many children came to the party. **Each** (child) brought a soft drink and some snacks.* (pronome)
(every não poderia ser usado nessa frase)
Muitas crianças vieram à festa. Cada uma (das crianças) trouxe um refrigerante e alguns salgadinhos.

Pronouns and Adjectives/Pronomes e Adjetivos

Each e **every** exigem o verbo na 3ª pessoa do singular.

- *Each boy has brought a soft drink.*
  Cada menino trouxe um refrigerante.

- *Every girl has brought some sweets.*
  Todas as meninas trouxeram alguns doces.

Each é usado quando pensamos nas pessoas ou coisas individualmente, cada uma em particular. **Every** é usado quando pensamos nas pessoas ou coisas de modo coletivo.

- *On each occasion, she repeated the same old stories.*
  Em cada ocasião, ela repetia as mesmas velhas histórias.
  (Estou pensando em cada ocasião em particular).

- *On every occasion, she repeated the same old stories.*
  Em todas as ocasiões, ela repetia as mesmas velhas histórias.
  (Estou pensando em uma série de ocasiões de modo coletivo).

All é usado com substantivos incontáveis e com substantivos contáveis no plural. Com substantivos incontáveis, ele indica "a totalidade de". Com substantivos contáveis no plural, **all** implica um número de pessoas ou coisas consideradas como um grupo.

- *I did all the work by myself.*
  Eu fiz todo o trabalho sozinha.

- *All the boys enjoyed themselves a lot at the picnic.*
  Todos os meninos se divertiram muito no piquenique.

Quando **all** é imediatamente seguido do substantivo, geralmente expressa uma afirmação genérica.

- *All food should be nourishing.*
  Todo alimento deveria ser nutritivo.

- *All children love birthday parties.*
  Toda criança adora festas de aniversário.

All é usado também como pronome. Nesse caso, é geralmente substituído por **everybody / everyone, everything**.

- *We understood* | ***all*** / ***everything*** | *you explained to us.*
  Entendemos tudo que você nos explicou.

- *At the police station,* | ***all*** / ***everybody*** / ***everyone*** | *believed in his story.*
  Na delegacia, todos acreditaram na história dele.

Either / Neither / Both

either	=	qualquer um dos dois, das duas
neither	=	nenhum dos dois, das duas
both	=	ambos, ambas

Either e sua forma negativa **neither** são usados apenas com substantivos contáveis no singular Eles são usados quando pensamos em duas pessoas ou coisas separadamente. Ambos podem ser adjetivos e pronomes.

- *We can see **either** film. I don't mind.* (adjetivo)
  Podemos ver qualquer dos dois filmes. Não me importo.

- *There are two good films on TV today, but
  I don't want to see **either**.* (pronome)
  ou
  *I want to see **neither**.* (pronome)
  Há dois bons filmes na TV hoje, mas não quero ver nenhum dos dois.

Either e **neither** quando usados como adjetivos na posição de sujeito exigem o verbo na 3ª pessoa do singular.

- ***Neither** book is good. Don't waste your money.*
  Nenhum dos dois livros é bom. Não desperdice seu dinheiro.

Both é usado apenas com substantivos contáveis no plural. Ele se refere a duas pessoas ou coisas conjuntamente. Pode ser usado como adjetivo ou pronome.

- ***Both** films are very interesting.* (adjetivo)
  Ambos os filmes são muito interessantes.

- *"Paul and Chris were in Europe last year."*
  *"I know. I met **both** in Amsterdam."* (pronome)
  "Paul e Chris estiveram na Europa no ano passado."
  "Eu sei. Encontrei ambos em Amsterdã."

Quando **both** é usado como adjetivo, ele pode vir com ou sem o artigo **the**.

- ***Both** (the) actresses were very attractive.*
  Ambas as atrizes eram muito atraentes.

Some / Any / No / Every

Some, **any**, **no** e **every** formam pronomes compostos. A maioria das distinções feitas em relação a esses indefinidos aplica-se também a seus compostos. Eles se dividem em dois grupos:

GRUPO 1	GRUPO 2
somebody / someone = alguém	**something** = alguma coisa
anybody / anyone = alguém	**anything** = alguma coisa, qualquer coisa
nobody / no one = ninguém	**nothing** = nada, coisa alguma
everybody / everyone = todos	**everything** = tudo
referem-se a pessoas	referem-se a coisas

NOTAS

1. Não há diferença de significado entre os pronomes compostos de **-body** e **-one**.

- *There is | **somebody** | waiting for you at the snack-bar.*
  *| **someone** |*

  Há alguém esperando por você na lanchonete.

- *Does | **anybody** | here speak German?*
  *| **anyone** |*

  Alguém aqui fala alemão?

- *| **Nobody** | there could give me the answer.*
  *| **No one** |*

  Ninguém lá pôde me dar a resposta.

- *When I finally arrived at the restaurant,*
  ***everybody / everyone** had left.*

  Quando finalmente cheguei ao restaurante, todos tinham ido embora.

2. **Anyone** e **everyone** referem-se sempre a pessoas. **Any one** e **every one** (duas palavras separadas) podem se referir a pessoas ou coisas.

Compare:

- *Was there **anyone** interesting at the party? (= any person)*

  Havia alguma pessoa interessante na festa?

- *"Which book should I take?"* ***Any one.****" (= any book)*
  "Que livro deveria levar?" Qualquer um." (=qualquer livro)

- *"Which of the girls do you think should be hired?"* ***Any one.****" (= any girl)*
  "Qual das moças você acha que deveria ser contratada?" " Qualquer uma." (= qualquer moça).

- *Does he know **everyone** there? (= every person).*
  Ele conhece todas as pessoas lá?

- *There were hundreds of workers at the demonstration. **Every one** was carrying a torch. (= every worker)*
  Havia centenas de trabalhadores na passeata. Cada um estava carregando uma tocha. (= cada trabalhador)

- *He said he knew a lot of words in German, but **every one** he wrote was wrong. (= every word)*
  Ele disse que sabia muitas palavras em alemão, mas todas que ele escreveu estavam erradas. (= todas as palavras)

Indefinites with <u>of</u> Constructions
(Indefinidos em Construções com <u>of</u>)

Os indefinidos, com exceção de **no** e **every**, são usados em construções com **of**, nas seguintes combinações:

1. Com substantivos contáveis:

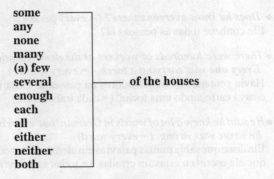

```
some       ┐
any        │
none       │
many       │
(a) few    │
several    ├── of the houses
enough     │
each       │
all        │
either     │
neither    │
both       ┘
```

2. Com substantivos incontáveis:

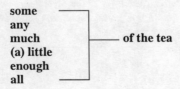

```
some    ┐
any     │
much    │
(a) little ├── of the tea
enough  │
all     ┘
```

NOTAS

1. **No** e **every** são sempre adjetivos. Em construções com **of**, **no** é substituído por **none** e **every** tem que ser seguido de **one**.

- *None of the students has passed the examination.*
  Nenhum dos estudantes passou no exame.

- *Every one of the tourists has bought a souvenir.*
  Cada um dos turistas comprou uma lembrança.

2. Embora **none** expresse uma idéia que corresponde a **not one**, é comum em construções com **of** o seu uso com o verbo no plural. O mesmo ocorre com **either** e **neither** quando usados nessa construção.

- *I've invited all my colleagues, but none (of them) **has/have** arrived yet.*
  Convidei todos os meus colegas, mas nenhum (deles) chegou ainda.

- *Either of these cars **has/have** a very powerful engine.*
  Qualquer destes dois carros tem um motor muito potente.

- *Wait a moment, please. Neither of the girls **is/are** ready.*
  Espere um momento, por favor. Nenhuma das garotas está pronta.

VI - Interrogative Adjectives and Pronouns
(Adjetivos e Pronomes Interrogativos)

Os adjetivos e pronomes interrogativos são usados em perguntas diretas e indiretas.

- *What is his name?* (pergunta direta)
  Qual é o nome dele?

- *Do you know what his name is?* (pergunta indireta)
  Você sabe qual é o nome dele?

São os seguintes os pronomes interrogativos:

who (m)	=	quem
whose	=	de quem
which	=	que, qual, quais
what	=	que, qual, quais

Who, whom e whose

Who, **whom** e **whose** referem-se a pessoas e perguntam sobre sua identidade.

Who e **whom** são usados sempre como pronomes. **Who** funciona como sujeito e **whom** como objeto de um verbo ou complemento de uma preposição.

Sujeito

- "**_Who_** answered the phone?"
  ↓
  "**George** did."
  "Quem atendeu o telefone?"
  "George."

Objeto

- "**_Who(m)_** did you meet at the party?"
  ↘
  "I met **Christian**".
  "Quem você encontrou na festa?"
  "Encontrei Christian."

Complemento de preposição

- "For **_whom_** was he waiting?"
  ↘
  "He was waiting for **his sister**."
  "Por quem ele estava esperando?"
  "Ele estava esperando pela irmã."

Pronouns and Adjectives/Pronomes e Adjetivos

NOTAS

1. Quando **who** é o sujeito da frase, o auxiliar **do, does, did** não é usado.

2. A forma **whom** é geralmente substituída por **who**, exceto em linguagem formal.

3. Quando **whom** é complemento de uma preposição, é geralmente substituído por **who** e a preposição é deslocada para o fim da frase.

- *Who was he waiting for?*
  Por quem ele estava esperando?

No entanto, quando esse interrogativo é precedido de preposição, a forma **whom** é obrigatória.

Whose pode ser usado como adjetivo e pronome e indica posse.

- *"<u>Whose</u> umbrella is this?"* (adjetivo)
  "It's mine."
  "De quem é este guarda-chuva?"
  "É meu."

- *"<u>Whose</u> are these raincoats?"* (pronome)
  "They are Joe's and Bob's."
  "De quem são estas capas de chuva?"
  "São de Joe e de Bob."

Which e What

Which refere-se a pessoas e coisas. Ele é usado quando queremos identificar uma pessoa ou coisa dentro de um grupo limitado. Pode ser usado como adjetivo ou pronome.

- *"**Which** car is John's?"* (adjetivo)
  ↓
  *"**The green one.**"*
  "Que carro é o de John?"
  "O verde."

- *"**Which** is Peter's house?"* (pronome)
  ↓
  *"**The biggest of all.**"*
  "Qual é a casa de Peter?"
  "A maior de todas."

- *"**Which** is your daughter?"* (pronome)
  ↓
  *"**The tall girl on the right.**"*
  "Qual é sua filha?"
  "A garota alta à direita."

Quando **which** é adjetivo, pode ser parte do complemento de uma preposição. A preposição é geralmente deslocada para o fim da frase.

- **Which** city do you come **from**?
  De que cidade você é?

What pode ser usado como adjetivo e pronome. Como adjetivo **what** é usado quando queremos identificar pessoas ou coisas de modo genérico.

- *What <u>singers</u> do you like best?* (adjetivo)
  De que cantores você mais gosta?

- *What <u>time</u> does your mother get up?* (adjetivo)
  A que horas sua mãe se levanta?

Como pronome, **what** é usado principalmente para se referir a coisas.

- *What is that on the table?*
  O que é aquilo sobre a mesa?

- *What happened?*
  O que aconteceu?

Algumas vezes a diferença entre **which** e **what** é bem sutil.

COMPARE

- *What short stories has she read?*
  (não estou pensando em nenhum conto em particular)
  Que contos ela leu?

- *Which short stories has she read?*
  (contos específicos, de uma relação definida)
  Que contos ela leu?

What pode ser usado como complemento de uma preposição. A preposição geralmente é deslocada para o fim da frase.

- *What are you talking **about**?*
  Sobre o que você está falando?

Pronouns and Adjectives/Pronomes e Adjetivos

Other uses of What
(Outros Usos de What)

What é usado seguido de vários substantivos para perguntar sobre cor, tamanho, marca etc.

- *What <u>color</u> are Vivian's eyes?*
  De que cor são os olhos de Vivian?

- *What <u>size</u> are your shoes?*
  De que tamanho são seus sapatos?

- *What <u>mark</u> is mom's new refrigerator?*
  De que marca é a geladeira nova da mamãe?

What é usado na estrutura:

- *What is someone like?*
           something

nas perguntas que pedem uma descrição geral de qualidades ou características de uma pessoa ou coisa.

- *"What is your teacher <u>like</u>?"*
  "He's intelligent, but very bad-humored.

  "Como é seu professor?"
  "Ele é inteligente mas muito mal humorado."

- "**What** is your city <u>like</u>?"
  "It's beautiful and has a wonderful climate."

  "Como é sua cidade?"
  "É bonita e tem um clima maravilhoso."

What também é usado na estrutura:

- "**What** does someone look like?"
           something

para perguntar sobre características físicas de uma pessoa ou coisa.

- "**What** does your father <u>look like</u>?"
  "Oh, he's tall, has brown eyes and black hair."

  "Como é seu pai?"
  " Oh. Ele é alto, tem olhos castanhos e cabelos pretos."

- "**What** does your country-house <u>look like</u>?"
  "It's white with blue windows."

  " Como é sua casa de campo?"
  " É branca com janelas azuis."

VII - Relative Pronouns
(Pronomes Relativos)

Os pronomes relativos são palavras que se referem a termos mencionados anteriormente. Eles introduzem uma oração relativa e têm uma função dentro dessa oração. São eles:

who	
that	que, quem, o qual, a qual, os (as) quais
whom	
whose	cujo(s), cuja(s), do qual, da qual, dos quais, das quais
which	que, o qual, a qual, os quais, as quais

Relative Pronouns in Restrictive Relative Clauses
(Pronomes Relativos em Orações Relativas Restritivas)*

1. Para pessoas: **who, whom, that, whose**

Who funciona como sujeito e tem como alternativa **that**.

- *The man **who** lives on your floor wants to talk to you.*
      that
  O homem que mora no seu andar quer falar com você.

Whom funciona como objeto ou como complemento de uma preposição.

- *The girl **whom you met at the party** is one of your sister's classmates.* (objeto)
  A moça que você encontrou na festa é uma das colegas de classe de sua irmã.

- *The teacher **to whom you gave the message** is a foreigner.* (complemento da preposição)
  O professor a quem você deu o recado é estrangeiro.

A forma **whom** é usada hoje em dia em linguagem formal. Quando **whom** funciona como objeto, é geralmente substituído por **who** ou **that** ou simplesmente omitido.

---

* A oração relativa restritiva (restrictive relative clause) restringe o significado do termo antecedente e é essencial ao sentido da frase.

- *The soccer player **who scored two goals** is Brazilian.*
  O jogador de futebol que fez dois gols é brasileiro.

Pronouns and Adjectives/Pronomes e Adjetivos

> **OBSERVE**
>
> - The woman | **whom** | you saw was not Brazilian.
> | **who** |
> | **that** |
> | **Ø** |
>
> A mulher que você viu não era brasileira.

Quando **whom** é complemento de uma preposição, geralmente a preposição vai para o fim da oração e **whom** é substituído por **who** ou **that** ou, então, é omitido.

> **OBSERVE**
>
> - The girl <u>about</u> | **whom** you were talking | is here now.
> | **who(m)** you were talking <u>about</u> |
> | **that** you were talking <u>about</u> |
> | **Ø** you were talking <u>about</u> |
>
> A moça de quem você estava falando está aqui agora.

Whose é usado para indicar posse e funciona como um modificador. Ele pode modificar tanto o sujeito quanto o objeto da oração relativa:

- The doctor <u>**whose** son won that tennis match</u> is my brother-in-law. (modificador do sujeito)

  O médico cujo filho ganhou aquela partida de tênis é meu cunhado.

- *The doctor <u>whose</u> son you met is my brother-in-law.*
  (modificador do objeto)
  O médico cujo filho você conheceu é meu cunhado.

2. Para coisas: **Which, that, whose**

Which pode funcionar como sujeito, como objeto e como complemento de uma preposição. Como sujeito e objeto, **which** pode ser substituído por **that**.

- *The house **which/that** has that beautiful garden was rented yesterday.* (sujeito)
  A casa que tem aquele belo jardim foi alugada ontem.

- *The house **which/that** Joe rented has a beautiful garden.* (objeto)
  A casa que Joe alugou tem um belo jardim.

- *The music **to which he listened** last night was by Gershwin.* (complemento da preposição).
  A música que ele ouviu ontem à noite é de Gershwin.

Essa estrutura, preposição mais **which**, é considerada formal. Nesse caso, geralmente a preposição é deslocada para o final da oração. Pode-se, então, manter **which**, substituí-lo por **that** ou omiti-lo.

- *The play* | <u>about</u> **which** we talked | *is wonderful.*
             | **which** we talked <u>about</u> |
             | **that** we talked <u>about</u> |
             | Ø we talked <u>about</u> |

  A peça sobre a qual falamos é maravilhosa.

Pronouns and Adjectives/Pronomes e Adjetivos

Whose é também usado para indicar posse quando o antecedente é coisa. Pode modificar o sujeito ou o objeto.

- *The house **whose** roof burned has been demolished.* (modificador do sujeito).
  A casa cujo telhado incendiou foi demolida.

- *The park **whose** trees you love has been closed for repairs.* (modificador do objeto)
  O parque cujas árvores você adora foi fechado para reparos.

Em frases desse tipo, **whose** é, às vezes, substituído por **of which**:

- *The park **the trees of which** you love has been closed for repairs.* (considerada formal).

Relative Pronouns in Non-Restrictive Relative Clauses
(Pronomes Relativos em Orações Relativas Explicativas)*

Com exceção de **that**, todos os pronomes relativos usados nas orações relativas restritivas podem também ocorrer nas orações relativas explicativas, exercendo as mesmas funções. Observe, porém, que não pode haver omissão dos pronomes relativos nessas orações.

1. Para pessoas: **who, whom, whose**

- *The police officer, <u>who</u> was a very brave man, arrested the thief by himself.* (sujeito)
  O policial, que era um homem muito corajoso, prendeu o ladrão sozinho.

- *Dr. Smith, <u>whom</u> I saw at the concert, is the new director of the Medical Center.* (objeto)
  Dr. Smith, que eu vi no concerto, é o novo diretor do Centro Médico.

---

* As orações relativas explicativas (non-restrictive relative clauses) não restringem o sentido do termo antecedente. Acrescentam uma informação que não é essencial à identificação da palavra à qual se referem.
- *Mr. Parker, <u>who</u> is the best lawyer in town, accepted the case.*
  Sr. Parker, que é o melhor advogado da cidade, aceitou o caso.

Pronouns and Adjectives/Pronomes e Adjetivos

- *Dr. Smith, **about whom** we were talking, is the new ...*
  (complemento da preposição)
  Dr. Smith, sobre quem estávamos falando, é o novo ...

- *Bob interviewed Charles Ford, **whose** employees had been on strike for ten days.* (modificador do sujeito)
  Bob entrevistou Charles Ford, cujos empregados estiveram em greve por dez dias.

- *Benjamin Sellers, **whose** son you met in London, is very sick.*
  (modificador do objeto)
  Benjamin Sellers, cujo filho você encontrou em Londres, está muito doente.

2. Para coisas: **which, whose**

- *The hospital near my house, **which** was excellent, is now in a very bad state.* (sujeito)
  O hospital perto de minha casa, que era excelente, está agora em condições bens ruins.

- *Henry's letter, **which we received yesterday**, brought a lot of good news.* (objeto)
  A carta de Henry, que nós recebemos ontem, trouxe muitas notícias boas.

- *The dinner table, **whose** legs were broken, was taken to be repaired.* (modificador do sujeito)
  A mesa de jantar, cujos pés estavam quebrados, foi levada para consertar.

VIII - Verbs
(Verbos)

O verbo é uma palavra que exprime um processo, quer se trate de ação, estado ou mudança de estado. O verbo tem a propriedade de situar o fato no tempo (presente, passado, futuro). Observe, no entanto, que nem sempre o tempo verbal corresponde ao tempo cronológico. Por exemplo: na frase

- *The train leaves at three o'clock tomorrow*
  O trem parte às três horas amanhã

o tempo verbal **Present** está sendo usado para expressar uma ação futura.

A - Verb Tenses
(Tempos Verbais)*

Simple Present

O **Simple Present** tem a mesma forma do **Infinitive** sem a partícula **to**, acrescentando-se **-s** ou **-es** à terceira pessoa do singular. A negativa é feita colocando-se **do** ou **does** + **not** antes do verbo principal. Na interrogativa, **do/does** é colocado antes do sujeito. Tanto na negativa como na interrogativa, o verbo fica na forma simples (**Infinitive** sem o **to**).

---

* Optamos por manter a nomenclatura dos tempos verbais em inglês, visto que nem sempre encontramos correspondências exatas em português.

Infinitive: to live (morar)   Simple Present: live/lives
           to teach (ensinar)   teach/teaches

O **Simple Present** é conjugado do seguinte modo:

Forma Afirmativa

I, we, you, they	live
he, she, it	lives

Forma Negativa Extensa e Contraída

I, we, you, they	do not (don't)	live
he, she it	does not (doesn't)	live

Forma Interrogativa e Interrogativa-negativa Extensa

Do	I, we, you, they	(not) live?
Does	he, she, it	(not) live?

Forma Interrogativa-negativa Contraída

Don't	I, we, you, they	live?
Doesn't	he, she, it	live?

Correspondência com o português

1. Presente Simples do Indicativo : moro
2. Presente do Subjuntivo : que eu more
3. Futuro Simples do Subjuntivo : se eu morar

O Verbo To Be

O verbo **to be** (ser, estar) constitui uma exceção quanto à formação do **Simple Present**. Observe também que ele dispensa o uso do auxiliar **do** nas formas negativa e interrogativa. O verbo **to be** é conjugado no presente do seguinte modo:

Forma Afirmativa Extensa e Contraída

I	am	I'm
he she it	is	he's she's it's
we you they	are	we're you're they're

Forma Negativa Extensa e Contraída

I	am not *
he she it	is not (isn't)
we you they	are not (aren't)

* Na primeira pessoa, não ocorre a contração do verbo com a negativa **not**.

Forma Interrogativa e Interrogativa-negativa Extensa

Am	I (not)?
IS	he she (not)? it
ARE	we you (not)? they

Forma Interrogativa-Negativa Contraída

Aren't *	I?
Isn't	he? she? it?
Aren't	we? you? they?

* **Aren't?** é uma exceção

Correspondência com o português

1. Presente Simples do Indicativo : sou, estou
2. Presente do Subjuntivo : que eu seja, que eu esteja
3. Futuro Simples do Subjuntivo : se eu for, se eu estiver

O Verbo To Have

O verbo **to have** (ter, possuir) também é uma exceção quanto à sua formação no presente. Note, porém, que nas formas negativa e interrogativa **do/does** são usados.

Forma Afirmativa

I, we, you, they	have
he, she, it	has

Forma Negativa Extensa e Contraída

I, we, you, they	do not (don't)	have
he, she, it	does not (doesn't)	have

Forma Interrogativa e Interrogativa-negativa Extensa

Do	I, we, you, they	(not) have?
Does	he, she, it	(not) have?

Forma Interrogativa-negativa Contraída

Don't	I, we, you, they	have?
Doesn't	he, she, it	have?

NOTA

No inglês britânico, quando o verbo **to have** significa "ter", "possuir" ocorre também o seu uso sem o auxiliar **do / does** nas formas negativa e interrogativa.

- *He **hasn't** any friends.*
  Ele não tem nenhum amigo.
- ***Has** he any friends?*
  Ele tem amigos?

No entanto, nesse caso é comum o uso de **has got** e **have got** em lugar de **has** e **have**. Nas expressões **has got** e **have got**, o verbo **to have** funciona como auxiliar.

- *He's got a beautiful country house.*
  Ele tem uma bela casa de campo.
- *Have they got children?*
  Eles têm filhos?
- *I havent't got a good English dictionary.*
  Não tenho um bom dicionário de inglês.

Correspondência com o português

1. Presente Simples do Indicativo : tenho
2. Presente do Subjuntivo : que eu tenha
3. Futuro Simples do Subjuntivo : se eu tiver

Uses of the Simple Present
(Usos do Simple Present)

O **Simple Present** é usado para expressar:

1. Ações ou estados habituais ou freqüentes. Advérbios tais como **usually** (geralmente), **often** (freqüentemente), **always** (sempre), e locuções adverbiais tais como **every Sunday** (todo domingo), **every month** (todo mês), **every year** (todo ano) etc. com freqüência acompanham o verbo:

- *Robert **plays** tennis every Sunday.*
  Robert joga tênis todo domingo.

- *We usually **go** to Bariloche in the winter.*
  Nós geralmente vamos a Bariloche no inverno.

- *Your sister **looks** always sad..*
  Sua irmã parece sempre triste.

2. Afirmações gerais:

- *Sharon **plays** the piano very well.*
  Sharon toca piano muito bem.

- *Maria **prefers** romantic movies.*
  Maria prefere filmes românticos.

- *She's a very intelligent student.*
  Ela é uma estudante muito inteligente.

Verbs/Verbos

3. Fatos ou atividades relativamente permanentes:

- *The moon **revolves** round the earth.*
  A lua gira em torno da terra.

- *Old people **need** love and attention.*
  Pessoas idosas precisam de amor e atenção.

4. Ações futuras pré-determinadas:

- *They **arrive** in Brazil next Sunday.*
  Eles chegam ao Brasil no próximo domingo.

- *The play **begins** at nine p.m. tomorrow.*
  A peça começa às nove horas da noite amanhã.

Present Progressive

O **Present Progressive** é formado do presente do verbo **to be** mais o **Present Participle** do verbo principal (verbo + **ing**).

Forma Afirmativa

I	am	living
he she it	is	living
we you they	are	living

Forma Negativa Extensa

I	am not	living
he she it	is not	living
we you they	are not	living

Forma Interrogativa e Interrogativa-negativa Extensa

Am	I	(not) living?
Is	he she it	(not) living?
Are	we you they	(not) living?

NOTA

No **Present Progressive** o verbo **to be** também é usado na forma contraída em frases afirmativas, negativas e interrogativas-negativas. Ver páginas 123 a 125 para as formas contraídas do verbo **to be**.

Correspondência com o português

O **Present Progressive** corresponde em português às seguintes locuções verbais:
1. estou morando
2. que eu esteja morando
3. se eu estiver morando

Uses of the Present Progressive
(Usos do Present Progressive)

O **Present Progressive** é usado para expressar:

1. Uma ação que está em curso no momento em que se fala. Expressões de tempo como **now** (agora), **at the moment** (no momento), freqüentemente acompanham o verbo.

- *The baby **is sleeping** at the moment.*
  O bebê está dormindo no momento.

- *Sally **is walking** in the park now.*
  Sally está andando no parque agora.

2. Atividades temporárias que não estão necessariamente ocorrendo no momento em que se fala.

- *Fred **is taking** a course on computer programming this semester.*
  Fred está fazendo um curso de programação de computador neste semestre.

- *They're **building** a new supermarket near my house.*
  Estão construindo um novo supermercado perto da minha casa.

3. Uma ação futura programada. Advérbios e locuções adverbiais como **tonight** (hoje à noite), **tomorrow** (amanhã), **next month** (no próximo mês) etc. são geralmente usados.

Verbs/Verbos

- *We're visiting Cancun next week.*
  Vamos visitar Cancun na próxima semana.

- *Bob is meeting Ann tonight.*
  Bob vai encontrar Ann hoje à noite.

4. Uma ação que se repete constantemente. Expressões como **always** (sempre), **constantly** (constantemente), **invariably** (invariavelmente) sempre acompanham o verbo.

- *My next door neighbor is **always borrowing** my vaccum cleaner.*
  Minha vizinha do lado está sempre tomando emprestado meu aspirador de pó.

- *She's **constantly arguing** with her husband in front of the children.*
  Ela está sempre discutindo com o marido na frente das crianças.

NOTA

Certos verbos não ocorrem na forma **Progressive**. São verbos que geralmente indicam um estado ou condição. Alguns deles são:

agree	(concordar)	**hate**	(odiar)
believe	(acreditar)	**have**	(possuir)
belong	(pertencer)	**hear**	(ouvir)
disagree	(discordar)	**hope**	(esperar)
forget	(esquecer)	**know**	(saber)

like	(gostar)	**see**	(ver)
love	(amar)	**seem**	(parecer)
need	(precisar)	**smell**	(cheirar)
prefer	(preferir)	**think**	(pensar)
remember	(lembrar-se)	**understand**	(compreender)

Observe, porém, que alguns desses verbos são usados nas duas formas com significados diferentes.

- *Tom **has** a very beautiful house.* (= ter, possuir)
  Tom tem uma casa muito bonita.

- *He's **having** a nice time in Florida.* (= experienciar)
  Ele está se divertindo na Flórida.

- *I **think** she's wrong.* (= achar, supor)
  Acho que ela está errada.

- *I'm **thinking** of moving to the South.* (= cogitar, considerar)
  Estou pensando em mudar para o sul.

Simple Past

O passado dos verbos regulares é formado acrescentando-se **-ed** ao **Infinitive** sem o **to**.

Infinitive		Simple Past
to live	(= morar)	lived
to arrive	(= chegar)	arrived

O passado dos verbos irregulares apresenta uma grande variedade de formas:

Infinitive		**Simple Past**
to teach	(= ensinar)	taught
to choose	(= escolher)	chose
to meet	(= encontrar)	met
to cut	(= cortar)	cut

Tanto com verbos regulares como com os irregulares, a mesma forma é usada para todas as pessoas no passado. Nas frases negativas, usa-se o auxiliar **did + not** antes do verbo principal. Na interrogativa, o **did** é colocado antes do sujeito. Em ambos os casos, o verbo principal fica no **Infinitive** sem a partícula **to**. Observe o uso das formas contraídas.

Forma Afirmativa

I, he, she, it, we, you, they	lived.

Forma Negativa Extensa e Contraída

I, he, she, it, we, you, they	did not live (didn't)

Forma Interrogativa e Interrogativa-negativa Extensa

Did	I, he, she, it, we, you, they	(not) live?

Forma Interrogativa-negativa Contraída

Didn't	I, he, she, it, we, you, they	live?

Correspondência com o português

1. Pretérito Perfeito Simples do Indicativo : morei
2. Pretérito Imperfeito do Indicativo : morava
3. Pretérito Imperfeito do Subjuntivo : se eu morasse

Simple Past do Verbo To Be

O verbo **to be** no passado constitui também uma exceção quanto à sua formação. Como acontece no **Simple Present**, no **Simple Past** o verbo **to be** também dispensa o uso do auxiliar nas formas negativa e interrogativa. Observe sua conjugação e formas contraídas.

Forma Afirmativa

| I, he, she, it | was |
| we, you, they | were |

Forma Negativa Extensa e Contraída

| I, he, she, it | was not (wasn't) |
| we, you, they | were not (weren't) |

Forma Interrogativa e Interrogativa-negativa Extensa

Was	I, he, she, it (not)?
Were	we, you, they (not)?

Forma Interrogativa-Negativa Contraída

Wasn't	I, he, she, it?
Weren't	we, you, they?

NOTA

Quando o passado do verbo **to be** é precedido de **if**, usa-se, geralmente, **were** para todas as pessoas:

- *If I were you, I would tell him the truth.*
  Se eu fosse você, contaria a ele a verdade.

Verbs/Verbos

Correspondência com o português

1. Pretérito Perfeito Simples do Indicativo : fui, estive.
2. Pretérito Imperfeito do Indicativo : era, estava.
3. Pretérito Imperfeito do Subjuntivo : se eu fosse, se eu estivesse

Simples Past do Verbo TO HAVE

O **Simple Past** do verbo **to have** é **had** para todas as pessoas. Quando usado como verbo principal, as frases negativas e interrogativas são formadas como com qualquer outro verbo: usa-se o auxiliar **did** e o verbo fica no **Infinitive** sem o **to**.

Exemplos:
I did not have, he did not have, did I have?, did he have? etc.

Correspondência com o português

1. Pretérito Perfeito Simples do Indicativo : tive
2. Pretérito Imperfeito do Indicativo : tinha
3. Pretérito Imperfeito do Subjuntivo : se eu tivesse

Uses of the Simple Past
(Usos do Simple Past)

1. O **Simple Past** é usado para expressar atividades que ocorreram ou existiram em um tempo definido no passado. O tempo pode estar:

a. Especificado na frase. Nesse caso, expressões ou orações que denotam tempo passado geralmente acompanham o verbo.

- *She **left** for Italy **last night**.*
  Ela partiu para a Itália na noite passada.

- *I **received** a letter from my sister **a month ago**.*
  Recebi uma carta de minha irmã há um mês.

- *My father **decided** to move to Texas **when I was a child**.*
  Meu pai decidiu se mudar para o Texas quando eu era criança.

b. Sugerido por uma expressão de lugar.

- *I **bought** this car **in Rio**.*
  Comprei este carro no Rio.

- *They **saw** this play **in New York**.*
  Eles viram esta peça em Nova Iorque.

c. Implícito para os falantes que, embora não especifiquem, sabem o tempo exato em que o fato ocorreu.

- *Unfortunately I **didn't remember** her name.*
  Infelizmente não me lembrei do nome dela.

Verbs/Verbos

- *"How was Mary's birthday party?"*
  "Oh, I enjoyed it very much".
  "Como foi a festa de aniversário de Mary?"
  "Oh, gostei muito."

2. O **Simples Past** é usado com advérbios de freqüência como **always** (sempre), **seldom** (raramente), **never** (nunca) etc. para indicar hábito no passado.

- *He always drove sports cars.*
  Ele sempre dirigia carros esportes.

- *In College, my History teacher never arrived on time for his classes.*
  Na Faculdade, meu professor de História nunca chegava na hora para suas aulas.

Past Progressive

O **Past Progressive** é formado do passado do verbo **to be** mais o particípio presente do verbo principal (verbo + **ing**). É conjugado do seguinte modo:

Forma Afirmativa

I, he, she, it	was living
we, you, they	were living

Forma Negativa Extensa e Contraída

I, he, she, it	was not (wasn't)	living
we, you, they	were not (weren't)	living

Forma Interrogativa e Interrogativa-negativa Extensa

Was	I, he, she, it	(not) living?
Were	we, you, they	(not) living?

Forma Interrogativa-negativa Contraída

Wasn't	I, he, she, it	living?
Weren't	we, you, they	living?

Correspondência com o português

O **Past Progressive** corresponde em português às seguintes locuções verbais:
1. estive morando
2. estava morando
3. se eu estivesse morando

Em alguns casos, corresponde também ao Pretérito Imperfeito do Indicativo: morava.

Uses of the Past Progressive
(Usos do Past Progressive)

O **Past Progressive** pode ser usado para indicar:

1. Uma ação que estava em curso em um momento específico no passado.

- *At 10 o'clock she was preparing dinner.*
  Às 10 horas ela estava preparando o jantar.

- *In December he was working in Texas.*
  Em dezembro ele estava trabalhando no Texas.

2. Uma ação que estava em curso quando outra ação aconteceu:

- *When I was crossing the street, I met Richard.*
  Quando eu estava atravessando a rua, encontrei Richard.

- *While I was reading the newspaper, the telephone rang.*
  Enquanto eu estava lendo o jornal, o telefone tocou.

NOTA

While introduz sempre a ação que estava em curso. **When** pode introduzir tanto essa ação quanto aquela que interrompeu a ação em curso.

- *Peter was having dinner __when__ I arrived.*
  Peter estava jantando quando eu cheguei.

- *__When__ Peter was having dinner, I arrived.*
  Quando Peter estava jantando, eu cheguei.

Verbs/Verbos

3. Duas ações que estavam em curso simultaneamente.

- *We were reading while the children were playing checkers.*
  Nós líamos enquanto as crianças jogavam damas.

- *While Paul was cleaning his bicycle, his brother was playing basketball.*
  Enquanto Paul limpava sua bicicleta, seu irmão jogava basquete.

Present Perfect

O **Present Perfect** é formado do presente do verbo **to have** mais o **Past Participle** (**lived, taught, gone, walked**) do verbo principal. Na frase negativa, usa-se **not** depois do auxiliar **have**. Na interrogativa, o auxiliar **have** é colocado antes do sujeito. As formas contraídas são geralmente usadas.

Forma Afirmativa

I, we, you they	have ('ve)	lived
he, she, it	has ('s)	lived

Forma Negativa Extensa e Contraída

I, we, you, they	have not (haven't)	lived
he, she, it	has not (hasn't)	lived

Forma Interrogativa e Interrogativa-negativa Extensa

Have	I, we, you, they	(not) lived?
Has	he, she, it	(not) lived?

Forma Interrogativa-negativa Contraída

Haven't	I, we, you, they	lived?
Hasn't	he, she, it	lived?

Correspondência com o português

1. Presente do Indicativo : moro
2. Pretérito Perfeito do Indicativo Simples : morei
3. Pretérito Perfeito do Indicativo Composto : tenho morado
4. Pretérito Perfeito do Subjuntivo Composto : que eu tenha morado
5. Futuro do Pretérito do Subjuntivo Composto : se eu tiver morado

Uses of the Present Perfect
(Usos do Present Perfect)

O **Present Perfect Simple** é usado:

1. Para expressar uma ação ou estado concluído, cujo tempo não é especificado.

- *Tom **has been** sick. He's well now.*
  Tom esteve doente. Ele está bem agora.

- *I**'ve tried** a lot of different methods of losing weight.*
  Tentei muitos métodos diferentes para perder peso.

NOTA

Expressões de tempo como **ever** (sempre), **never** (nunca), **already** (já), **yet** (já, ainda), **before** (antes), **recently** (recentemente) são comumente usadas em frases cujo tempo passado não é especificado.

- *I've __never__ had measles.*
  Nunca tive sarampo.

- *She's __already__ paid the rent.*
  Ela já pagou o aluguel.

- *Charles has __recently__ bought a new house.*
  Charles comprou uma casa nova recentemente.

- *They've been to Holland __before__.*
  Eles estiveram na Holanda anteriormente.

Verbs/Verbos

2. Para indicar uma ação ou estado que se repetiu no passado e que pode continuar se repetindo no futuro. Expressões como **once** (uma vez), **twice** (duas vezes), **many times** (muitas vezes), **regularly** (regularmente), **constantly** (constantemente) geralmente acompanham o verbo.

- *Lilian **has had** a sorethroat **many times.***
  Lilian teve dor de garganta muitas vezes.

- *I've seen this film **twice**.*
  Vi esse filme duas vezes.

3. Para indicar uma ação ou estado que começou no passado, continua no momento presente e pode se estender além desse momento.

- *He's **lived** on the same street **for twenty years**.*
  Ele mora na mesma rua há vinte anos.

- *Lilian **has worked** for American Airlines **for five years**.*
  Lilian trabalha para a American Airlines há cinco anos.

- *Her mother **has been** ill **since January**.*
  A mãe dela está doente desde janeiro.

NOTA

As expressões com **for** denotam um período de tempo que se estende até o momento presente. As expressões com **since** indicam quando a ação ou estado se iniciou.

4. Com expressões de tempo como **today** (hoje), **this week** (esta semana), **this month** (este mês), **this year** (este ano), que denotam período de tempo não concluído. O **Present Perfect** indica, nesse caso, que a ação (ou estado) aconteceu em um tempo indefinido dentro do período mencionado.

- He's **been** absent from this class twice **this month.**
  Ele esteve ausente da aula duas vezes este mês.

- Mrs. Brown **has bought** a new TV set **this week**.
  A Sra. Brown comprou um novo aparelho de TV esta semana.

5. Com o advérbio **just**, para indicar uma ação que acabou de acontecer.

- They've **just** left.
  Eles acabaram de sair.

- We've **just** finished lunch.
  Acabamos de almoçar.

Present Perfect Progressive

O **Present Perfect Progressive** é uma construção formada do presente do verbo **have** + **been** + **Present Participle** do verbo principal (verbo + **ing**.) As formas interrogativa e negativa, bem como as formas contraídas seguem as mesmas regras estabelecidas para o **Present Perfect**.

Forma Afirmativa

I, we, you, they	have ('ve)	been living.
he, she, it	has ('s)	been living.

Forma Negativa Extensa e Contraída

I, we, you, they	have not (haven't)	been living.
he, she, it	has not (hasn't)	been living.

Forma Interrogativa e Interrogativa-negativa Extensa

Have	I, we, you, they	(not) been living?
Has	he, she, it	(not) been living?

Forma Interrogativa-negativa Contraída

Haven't	I, we, you, they	been living?
Hasn't	he, she, it	been living?

Correpondência com o português

1. Presente do Indicativo: moro
2. Pretérito Perfeito Composto: tenho morado

Corresponde ainda às seguintes locuções verbais

1. estou morando
2. que eu esteja morando
3. se eu estiver morando
4. tenho estado morando
5. que eu tenha estado morando (raramente usada)
6. se eu tiver estado morando (raramente usada)

Uses of the Present Perfect Progressive
(Usos do Present Perfect Progressive)

O **Present Perfect Progressive** é usado para indicar uma ação que se estende do passado ao presente e pode persistir no futuro. Nesse caso, usa-se também o **Present Perfect Simple**. O **Present Perfect Progressive** enfatiza, no entanto, a continuidade da ação.

- *The Parkers **have been living** in California since February.*
  ou
  *The Parkers **have lived** in California since February.*
  Os Parker estão morando / moram na Califórnia desde fevereiro.

- *She's **been learning** German for two years.*
  ou
  *She **has learned** German for two years.*
  Ela está aprendendo / aprende alemão há dois anos.

> **NOTA**
>
> Ver páginas 133 e 134 para verbos que não são usados na forma **Progressive**.

Past Perfect

O **Past Perfect** é formado de **had** + **Past Participle** (**lived, taught, gone, walked**) do verbo principal. Na forma negativa, usa-se **not** depois do auxiliar **had**. Na interrogativa, **had** é colocado antes do sujeito. É freqüente o uso de formas contraídas.

Forma Afirmativa

| I, he, she, it, we, you, they | had ('d) | lived. |

Forma Negativa Extensa e Contraída

| I, he, she, it, we, you, they | had not (hadn't) | lived. |

Forma Interrogativa e Interrogativa-negativa Extensa

| Had | I, he, she, it, we, you, they | (not) lived? |

Forma Interrogativa-negativa Contraída

| Hadn't | I, he, she, it, we, you, they | lived? |

Correspondência com o português

1. Pretérito Mais-que-Perfeito-Simples do Indicativo
: morara
2. Pretérito Mais-que Perfeito-Composto do Indicativo
: tinha morado
3. Pretérito Mais-que-Perfeito do Subjuntivo : se eu tivesse morado.

Uses of the Past Perfect
(Usos do Past Perfect)

O **Past Perfect** é usado para indicar uma ação (ou estado) que ocorreu antes de outra ação no passado, ou que continuou até um determinado momento no passado

- *The plane finally took off. The bad weather **had delayed** the departure.*
  O avião finalmente decolou. O mau tempo havia atrasado a partida.

- *Until last month, Joan **had never traveled** by plane.*
  Até o mês passado, Joan nunca havia viajado de avião.

- *After she **had finished** her homework, she decided to watch television.*
  Depois que havia terminado suas lições de casa, ela decidiu assistir à televisão.

- *When we arrived there, the man **had just sold** the car.*
  Quando chegamos lá, o homem havia acabado de vender o carro.

NOTA

Com **after** (depois), **before** (antes), **when** (quando), **as soon as** (tão logo que) é também freqüente o uso do **Simples Past**. O **Past Perfect** será usado para enfatizar que quando a segunda ação aconteceu a primeira estava concluída.

- *After the train* | **left** / had left | *the old lady started to cry.*

Depois que o trem | partiu / tinha partido | a velha senhora começou a chorar.

Past Perfect Progressive

O **Past Perfect Progressive** é formado de **had** + **been** + **Present Participle** do verbo principal (verbo + **ing**). As formas negativa e interrogativa e as formas contraídas seguem as mesmas regras especificadas para o **Past Perfect Simple**. (Ver nas páginas 154 e 155).

Forma Afirmativa

I, he, she, it, we, you, they	had ('d)	been living.

Forma Negativa Extensa e Contraída

I, he, she, it, we, you, they	had not (hadn't)	been living.

Forma Interrogativa e Interrogativa-negativa Extensa

Had	I, he, she, it, we, you, they	(not) been living?

Forma Interrogativa-negativa Contraída

| Hadn't | I, he, she, it, we, you, they | been living? |

Correspondência com o português

O Past Perfect Progressive corresponde em português às seguintes locuções verbais:
1. estivera morando
2. tinha estado morando
3. se eu tivesse estado morando (raramente usada)

Pode corresponder ainda ao Pretérito Mais-que-Perfeito Composto: tinha morado

Uses of the Past Perfect Progressive
(Usos do Past Perfect Progressive)

O **Past Perfect Progressive** é usado para indicar uma ação ou estado que estava em curso antes do tempo especificado ou implícito no passado.

- *When I met Julie, I noticed she **had been crying**.*
  Quando encontrei Julie, notei que ela estivera chorando.

- *They **had been living** on a farm for five years **before they moved to the coast**.*
  Eles tinham estado morando em uma fazenda por cinco anos antes de se mudarem para o litoral.

Future

Há várias maneiras em inglês para nos referirmos a um tempo posterior ao momento presente. As duas formas mais comuns são as construções com **will** (**shall**) + a forma simples do verbo principal e **be going to** + a forma simples do verbo. **Shall**, que é usado com **I** e **we** em situações formais, é geralmente substituído por **will**.

WILL Future
(O Futuro com WILL)

Forma Afirmativa

I, he, she, it, we, you, they	will ('ll)	live.

Forma Negativa Extensa e Contraída

I, he, she, it, we, you, they	will not (won't)	live.

Forma Interrogativa e Interrogativa-negativa Extensa

Will	I, he, she, it, we, you, they	(not) live?

Forma Interrogativa-negativa Contraída

Won't	I, he, she, it, we, you, they	live?

Correspondência com o português

Futuro do Presente Simples: morarei

Going to Future
(Futuro com Going To)

Forma Afirmativa

I	am	going to live
he she it	is	going to live
we you they	are	going to live

Forma Negativa Extensa

I	am not	going to live
he she it	is not	going to live
we you they	are not	going to live

Forma Interrogativa e Interrogativa-negativa Extensa

Am	I	(not) going to live?
Is	he she it	(not) going to live?
Are	we you they	(not) going to live?

NOTA

No futuro com **going to**, o verbo **to be** tambem é usado na forma contraída na negativa, na interrogativa e na interrogativa-negativa. Ver páginas 123, 124 e 125 para as formas contraídas do verbo **to be**.

Correspondência com o português

O futuro com **going to** corresponde em português à locução verbal: vou morar.

Uses of the WILL Future / GOING TO Future
(Usos do Futuro com WILL e com GOING TO)

O futuro com **will** é usado para expressar ações ou estados que o falante acredita que provavelmente acontecerão no futuro, ou decisões tomadas no momento em que se fala.

- *I think Mary **will do** this for us.*
  Acho que Mary fará isso para nós.

- *It's very hot now. I'**ll turn** on the air conditioner.*
  Está muito quente agora. Vou ligar o ar condicionado.

- *I'**ll phone** you on Sunday, OK?*
  Telefonarei a você no domingo, certo?

O futuro com **going to** é usado para expressar ações futuras programadas. Essa construção mostra que o falante tem a intenção de que a ação se realize.

- *I'**m going to** wash my car tomorrow.*
  Vou lavar meu carro amanhã.

- *"Don't you want a ride?"*
  *"No, thanks. Bill **is going to take** me home."*
  "Você não quer uma carona?"
  "Não, obrigado. Bill vai me levar em casa."

Future Progressive

O **Future Progressive** é uma construção formada de **will + be + Present Participle** do verbo Principal (verbo + **ing**).

Forma Afirmativa

| I, he, she, it, we, you, they | will | be living? |

Forma Negativa Extensa e Contraída

| I, he, she, it, we, you, thay | will not (won't) | be living. |

Forma Negativa e Interrogativa-negativa Extensa

| Will | I, he, she, it, we, you, they | be (not) living? |

Forma Interrogativa-negativa Contraída

| Won't | I, he, she, it, we, you, they | be living? |

Correspondência com o português

O **Future Progressive** corresponde em português à seguinte locução verbal: estarei morando.

> **NOTA**
>
> O **Future Progressive** pode também ser formado de **be going to + be + Present Participle** do verbo principal:
> - *I'm going to be living*
>
> **Corresponde em português à locução verbal:** vou estar morando.

Uses of the Future Progressive
(Usos do Future Progressive)

O **Future Progressive** é usado para expressar ações ou estados temporários que estarão em curso em um momento específico no futuro ou que se estenderão por um período de tempo limitado.

- *At this time tomorrow, she'll be flying over the Atlantic Ocean.*
  A esta hora, amanhã, ela estará sobrevoando o Oceano Atlântico.

- *Pamela will be working in New York next semester.*
  Pamela estará trabalhando em Nova Iorque no próximo semestre.

Future Perfect

O **Future Perfect** é uma construção formada de **will + have + Past Participle (lived, taught, gone, worked)** do verbo principal. **Shall** também pode ocorrer com **I** e **we**.

Forma Afirmativa

I, he, she, it, we, you, they	will	have lived.

Forma Negativa Extensa e Contraída

I, he, she, it, we, you, they	will not (won't)	have lived.

Forma Interrogativa e Interrogativa-negativa Extensa

Will	I, he, she, it, we, you, they	(not) have lived?

Forma Interrogativa-negativa Contraída

| Won't | I, he, she, it, we, you, they | have lived? |

Correspondência com o português

Futuro do Presente Composto do Indicativo: terei morado.

Uses of the Future Perfect
(Usos do Future Perfect)

O **Future Perfect** é usado para expressar uma ação que ocorrerá ou será concluída antes de outra ação ou tempo no futuro.

- *I'm sure we **will have left** before Cindy arrives.*
  Tenho certeza de que teremos saído antes de Cindy chegar.

- *I'll have finished my classes by 11:30.*
  Terei terminado minhas aulas até 11:30.

Future Perfect Progressive

O **Future Perfect Progressive** é formado de **will** + **have been** + **Present Participle** do verbo principal (verbo + **ing**).

Forma Afirmativa

I, he, she, it, we, you, they	will	have been living.

Forma Negativa Extensa e Contraída

I, he, she, it, we, you, they	will not (won't)	have been living.

Forma Interrogativa e Interrogativa-negativa Extensa

Will	I, he, she, it, we, you, they	(not) have been living?

Forma Interrogativa-negativa Contraída

Won't	I, he, she, it, we, you, they	have been living?

Verbs/Verbos

Correspondência com o português

O **Future Perfect Progressive** corresponde em português à seguinte locução verbal: terei estado morando (raramente usada). Essa forma é geralmente substituída pelo Futuro do Presente Composto do Indicativo: terei morado.

Uses of the Future Perfect Progressive
(Usos do Future Perfect Progressive)

O **Future Perfect Progressive** é usado para expressar ações semelhantes àquelas expressas pelo **Future Perfect Simple**, mas enfatiza a continuidade da ação. Nem todos os verbos podem ser usados na forma **Progressive**. (Ver páginas 133 e 134).

- *We'll have been studying English for four years when we take the proficiency examination.*
  Nós teremos estudado inglês por quatro anos quando fizermos o exame de proficiência.

- *By 8 o'clock, I'll have been reading this novel for about three hours.*
  Até as 8 horas, terei lido este romance por cerca de três horas.

B - Imperative

O **Imperative** tem a mesma forma do **Infinitive** sem a partícula **to**.

- *Go away!*
  Vá embora!

- *Come in!*
  Entre!

Forma-se a negativa colocando-se **do** + **not** antes do verbo. A forma contraída **don't** é geralmente usada.

- *Don't say that again!*
  Não diga isso outra vez!

- *Don't open the window.*
  Não abra a janela!

Uses of the Imperative
(Usos do Imperative)

O **Imperative** pode expressar:

1. Uma ordem

- ***Leave** immediately!*
  Saia imediatamente!

- ***Don't smoke** in here!*
  Não fume aqui!

2. Um convite ou oferecimento

- ***Sit** down!*
  Sente-se!

- ***Have** a cup of coffee!*
  Tome uma xícara de café.

3. Um conselho ou aviso

- ***Don't go** to bed too late!*
  Não vá para cama tarde demais!

- ***Watch** your step!*
  Tenha cuidado!

4. Um pedido

- ***Close** the door, please.*
  Feche a porta, por favor.

- *Please, **lend** me your bicycle.*
  Por favor, empreste-me sua bicicleta.

> **NOTAS**
>
> 1. O **Imperative** pode ser expresso de um modo gentil ou não, dependendo da situação e da entoação usada pelo falante. A palavra **please** dá uma conotação mais polida ao **Imperative**. Ela é geralmente usada quando o falante quer expressar um pedido.
>
> 2. Usa-se o verbo **let** + os pronomes oblíquos (**me, him, her, it, us, them**) para expressar um imperativo que pode não só se referir aos outros, mas a nós mesmos.
>
> - ***Let's go** now!*
>   Vamos agora!
> - ***Let her do** what she wants to!*
>   Deixe-a fazer o que quiser!

C - The Passive Voice
(A Voz Passiva)

Todos os verbos transitivos diretos apresentam duas vozes: ativa e passiva.

A estrutura da voz passiva consiste no verbo auxiliar **BE** (às vezes **GET**), no mesmo tempo do verbo da ativa, mais o particípio passado do verbo principal da oração ativa:

Ativa : *He keeps the key here.*
   Ele mantém a chave aqui.

Passiva: *The key is kept here.*
   A chave é mantida aqui.

Ativa: *Someone stole my bike.*
   Alguém roubou minha bicicleta.

Passiva: *My bike got stolen.*
   Minha bicicleta foi roubada.

Observe que o objeto da ativa será sempre sujeito da passiva.

O agente da passiva, sujeito da oração ativa, é introduzido pela preposição **BY**:

Ativa: *Paul broke the window.*
         Paul quebrou a janela.

Passiva: *The window was broken by Paul.*
         A janela foi quebrada por Paul.

Ativa: *A truck ran over the children.*
         Um caminhão atropelou as crianças.

Passiva: *The children were run over by a truck.*
         As crianças foram atropeladas por um caminhão.

Quando a voz passiva apresenta um agente que é material (ou substância), este é introduzido pela preposição **WITH**:

Ativa: *Smoke filled the entire library.*
         A fumaça encheu a biblioteca toda.

Passiva: *The entire library was filled with smoke.*
         A biblioteca toda ficou cheia de fumaça.

Ativa: *Mud covered the little dog.*
         A lama cobriu o cachorrinho.

Passiva: *The little dog was covered with mud.*
         O cachorrinho estava coberto de lama.

Uses of the Passive Voice
(Usos da Voz Passiva)

1. quando o agente da ação não é conhecido:

- *Tony was killed two weeks ago.*
  Tony foi assassinado há duas semanas.
- *My motorcycle got stolen last night.*
  Minha motocicleta foi roubada ontem à noite.

2. quando se pretende enfatizar a ação em si:

- *The murderer got caught.*
  O assassino foi preso.
- *Sandra's car was smashed by a truck.*
  O carro de Sandra foi esmagado por um caminhão.

3. quando a identidade do agente é clara através do contexto:

- *Smoking is prohibited.*
  Fumar é proibido.
- *Silence must be kept.*
  O silêncio deve ser mantido.

Quando uma oração apresenta dois objetos (direto e indireto), é possível termos duas versões passivas:

Ativa: *Someone gave Mary a diamond ring.*
       Alguém deu a Mary um anel de diamante.

Verbs/Verbos

Passiva 1: *A diamond ring was given to Mary.*
　　　　Um anel de diamante foi dado a Mary.

Passiva 2: *Mary was given a diamond ring.*
　　　　Um anel de diamante foi dado a Mary.

Ativa: *They told Edward the real facts.*
　　　Eles contaram a Edward os fatos verdadeiros.

Passiva 1: *The real facts were told to Edward.*
　　　　Os fatos verdadeiros foram contados a Edward.

Passiva 2: *Edward was told the real facts.*
　　　　Os fatos verdadeiros foram contados a Edward.

OBSERVAÇÕES

a) Na Passiva 1, o sujeito era o objeto direto da ativa.
b) Na Passiva 2, o sujeito era o objeto indireto da ativa.
c) A Passiva 2 não ocorre em língua portuguesa.

Quadro de Correspondências

Tempo Verbal	Voz Ativa	Voz Passiva
Simple Present	I call	I am called
Present Progressive	I am calling	I am being called
Simple Past	I called	I was called
Past Progressive	I was calling	I was being called
Present Perfect	I have called	I have been called
Present Perfect Progressive	I have been calling	I have been being called
Past Perfect	I had called	I had been called
Past Perfect Progressive	I had been calling	I had been being called *
Future	I will/shall call	I will/shall be called
Future Progressive	I will/shall be calling	I will/shall be being called *
Future Perfect	I will/shall have called	I will/shall have been called
Future Perfect Progressive	I will/shall have been calling	I will/shall have been being called *

* Formas raramente utilizadas.

IX - The Modal Auxiliaries
(Os Auxiliares Modais)

Os modais são verbos auxiliares que, combinados com outros verbos, formam locuções verbais com uma gama variada de significados.

CAN
(refere-se ao presente ou futuro)

a) **Habilidade física ou intelectual**

- *Paul can remove the boxes for your tomorrow.*
  Paul pode remover as caixas para você amanhã.

- *Can you read and write?*
  Você sabe ler e escrever?

b) **Permissão** (informal)

- *Can I go out for lunch now?*
  Posso sair para o almoço agora?

- *The children can play in the backyard if they wish.*
  As crianças podem brincar no quintal se quiserem.

c) **Possibilidade**

- *It can rain tonight.*
  Pode ser que chova esta noite.

- *We can meet you there later.*
  Nós podemos encontrá-lo lá mais tarde.

d) **Pedido** (informal)

- *Can you pass me the sugar?*
  Você pode me passar o açúcar?

- *Can you lend me your pen for a second?*
  Você pode me emprestar sua caneta por um segundo?

COULD
(refere-se ao presente, passado ou futuro)

a) **Habilidade física ou intelectual** (no passado)

- *When I was in senior high school, I could understand math well.*
  Quando eu estava no colegial eu entendia bem matemática.

- *When she was younger, she could dance better than anyone.*
  Quando ela era jovem sabia dançar melhor do que ninguém.

b) **Pedido**

- *Could I borrow your French dictionary?*
  Eu poderia pegar o seu dicionário de francês emprestado?

- *Could you pass me the salad?*
  Você poderia me passar a salada?

> **OBSERVAÇÃO**
>
> **COULD** é usado como passado de **CAN** no discurso indireto.
>
> - *He says he can speak English well.*
>   Ele diz que sabe falar inglês bem.
>
> - *He said he could speak English well.*
>   Ele disse que sabia falar inglês bem.

MAY

a) Permissão

- *May I go home earlier today?*
  Eu posso ir para casa mais cedo hoje?

- *Everyone may have a break now.*
  Todos podem ter um intervalo agora.

b) Probabilidade

- *I may see Mary when I get to London.*
  É provável que eu veja Mary quando chegar a Londres.

- *It may snow according to the weather report.*
  É provável que neve de acordo com o noticiário da meteorologia

MIGHT

Possibilidade

- *We might go to the beach next weekend.*
  Talvez nós possamos ir à praia no próximo fim de semana.

- *It might rain today.*
  Talvez chova hoje.

OBSERVAÇÃO

No discurso indireto **MIGHT** é passado de **MAY**.

- *John said I might use his car.*
  John disse que eu podia usar o carro dele.
- *The teacher said we might hand in the paper after the test.*
  O professor disse que nós podíamos entregar o trabalho depois da prova.

WILL

a) Futuro simples

- *They will come back next Saturday.*
  Eles regressarão no próximo sábado.

- *She will phone you as soon as possible.*
  Ela telefonará para você assim que for possível.

> **NOTA**
>
> O auxiliar **SHALL** é utilizado com **I** e **We** em situações formais.

b) Pedido

- *Will you close that window, please?*
  Você poderia fechar aquela janela, por favor?

- *Will you please call me a cab?*
  Você poderia, por favor, me chamar um táxi.

c) Promessa

- *I will do whatever you want.*
  Eu farei tudo o que você quiser.

- *I will behave myself like an angel.*
  Eu me comportarei como um anjo.

The Modal Auxiliaries/Os Auxiliares Modais

d) **Convite** ou **oferta** (com **you**)

- *Will you come with me to the movies?*
  Você gostaria de ir ao cinema comigo.

- *Will you have some more tea?*
  Vocês gostariam de um pouco mais de chá?

e) **Ordem**

- *You will stay in bed for three days.*
  Você deve ficar de cama por três dias.

- *All children will have to get up early.*
  Todas as crianças devem se levantar cedo.

SHALL

a) **Futuro simples** (com **I** e **we** apenas)

- *I shall return to Brazil in May.*
  Eu retornarei ao Brasil em maio.

- *We shall buy everything you need.*
  Nós compraremos tudo o que você precisa.

b) **Necessidade de sugestão ou convite**

- *Shall I invite Peter for the party?*
  Você acha que eu deveria convidar Peter para a festa?

- *Shall we go out for dinner tonight?*
  Que tal se nós saíssemos para jantar hoje à noite?

c) Proibição (com never/again)

- *You shall never use my car again.*
  Você jamais usará meu carro novamente.

- *They shall never enter my room again.*
  Eles jamais entrarão no meu quarto novamente.

d) Promessa

- *I promise the work shall be done on time.*
  Prometo que o trabalho será realizado a tempo.

- *We give you our word: this kind of incident shall never occur again.*
  Damos a nossa palavra: esse tipo de incidente jamais ocorrerá novamente.

MUST

a) **Necessidade** ou **obrigação**

- *Everyone must leave this room immediately.*
  Todos devem sair desta sala imediatamente.

- *Children must obey their parents.*
  As crianças devem obedecer a seus pais.

b) **Possibilidade**

- *I didn't see Nancy at school. She must be home.*
  Eu não vi Nancy na escola. Ela deve estar em casa.

- *The line has been busy for hours. The telephone must be broken.*
  A linha tem estado ocupada por horas a fio. O telefone deve estar quebrado.

c) **Proibição** (na forma negativa)

- *People must not smoke on this floor.*
  As pessoas estão proibidas de fumar neste andar.

- *Pedestrians must not cross the street at this point.*
  Pedestres estão proibidos de atravessar a rua neste lugar.

SHOULD

a) **Obrigação**

- *He should study more. His grades are rather low.*
  Ele deve estudar mais. Seus conceitos estão bastante baixos.

- *I should go now. It's time to start working.*
  Eu devo ir agora. Está na hora de começar a trabalhar.

b) **Sugestão**

- *You should visit New York. It's a wonderful city.*
  Você deveria visitar Nova Iorque. É uma cidade maravilhosa.

- *They should see "The Panthom of the Opera". It's the best musical on Broadway.*
  Eles deveriam ver "O Fantasma da Ópera". É o melhor musical da Broadway.

c) **Dedução lógica**

- *John lived many years in England. He should speak English well.*
  John morou muitos anos na Inglaterra. Ele deve falar inglês bem.

- *Maria took dancing lessons with Olineva. She should be an excellent dancer.*
  Maria teve aulas de dança com Olineva. Ela deve ser uma excelente bailarina.

The Modal Auxiliaries/Os Auxiliares Modais

> **OBSERVAÇÃO**
>
> **SHOULD** é usado como passado de **SHALL** no discurso indireto.
>
> - *He demands that I shall be there at nine.*
>   Ele exige que eu esteja lá às nove.
> - *He demanded that I should be there at nine.*
>   Ele exigiu que eu estivesse lá às nove.

OUGHT TO

a) **Obrigação**

- *They ought to pay for their debts.*
  Eles devem pagar seus débitos.

- *You ought to give financial aid to your parents. They're in a miserable situation.*
  Você deve dar ajuda financeira a seu pais. Eles estão numa situação lastimável.

b) **Conselho**

- *You ought to stay in bed in order to recover soon.*
  Você deveria permanecer na cama a fim de restabelecer-se logo.

- *You ought to save some money for the future.*
  Você deveria economizar algum dinheiro para o futuro.

OBSERVAÇÃO

OUGHT TO pode ser substituído por **SHOULD**.

- *They **ought to** study more.*
  *They **should** study more.*
  Eles precisam estudar mais.

The Modal Auxiliaries/Os Auxiliares Modais

WOULD

---

a) **Futuro do pretérito** (em orações condicionais)

- *If I had time, I would pay them a visit.*
  Se eu tivesse tempo, faria uma visita a eles.

- *We would buy a larger house, if we could afford.*
  Nós compraríamos uma casa maior, se tivéssemos recursos para isso.

b) **Pedido** (formal)

- *Would you please let me use your phone?*
  Você, por favor, me deixaria usar o seu telefone?

- *Would you take this parcel to Mary, please?*
  Você levaria este pacote para Mary, por favor?

c) **Passado habitual**

- *When I lived in Rio, I would go to the beach every weekend.*
  Quando eu morava no Rio, costumava ir à praia todo fim de semana.

- *He would have lunch with me frequently, when he worked at the National Bank.*
  Ele costumava almoçar comigo freqüentemente quando trabalhava no National Bank.

OBSERVAÇÃO

WOULD é usado como passado de **WILL** no discurso indireto.

- *I know that she will be in Rome.*
  Eu sei que ela estará em Roma.

- *I knew that she would be in Rome.*
  Eu sabia que ela estaria em Roma.

The Modal Auxiliaries/Os Auxiliares Modais

USED TO

Passado habitual

- *I used to smoke a package of cigarettes a day, but I quit.*
  Eu costumava fumar um maço de cigarros por dia, mas eu parei.

- *They used to come here often when they lived in Brooklyn.*
  Eles costumavam vir aqui com freqüência quando moravam no Brooklyn.

NOTAS

a) **USED TO** pode ser substituído por **WOULD**.

- *I used to play tennis when I lived in Boston.*
  I would play tennis when I lived in Boston.
  Eu costumava jogar tênis quando morava em Boston

b) Este modal utiliza o auxiliar **did, didn't** para as formas interrogativa, negativa e interrogativa-negativa.

- *He used to play tennis when he lived in Boston.*
  Ele costumava jogar tênis quando morava em Boston.

- *Did he use to play tennis when he lived in Boston?*
  Ele costumava jogar tênis quando morava em Boston?

- *He didn't use to play tennis when he lived in Boston.*
  Ele não costumava jogar tênis quando morava em Boston.

- *Didn't he use to play tennis when he lived in Boston?*
  Ele não costumava jogar tênis quando morava em Boston?

WOULD RATHER

Preferência

- *I would rather have some coffee.*
  Eu preferiria um pouco de café.

- *We'd rather play soccer than swim.*
  Nós preferiríamos jogar futebol a nadar.

NOTA

WOULD RATHER pode ser substituído por **WOULD SOONER**.

- *She **would rather** drink wine than beer.*
  *She **would sooner** drink wine than beer.*

  Ela preferiria beber vinho à cerveja.

CONTRAÇÕES DOS MODAIS COM "NOT"

can	can't
could	couldn't
will	won't
must + NOT	mustn't
should	shouldn't
would	wouldn't

The Modal Auxiliaries/Os Auxiliares Modais

> **NOTA**
>
> As formas contraídas **mayn't, mightn't, shan't** e **oughtn't to** normalmente são evitadas, usando-se **may not, might not, shall not** e **ought not to**.

Aplicação das Transformações aos Modais

Os verbos modais comportam-se sintaticamente como os demais verbos auxiliares. Para a forma interrogativa, coloca-se o modal antes do sujeito.

- *Tony can dance well.*
  Tony sabe dançar bem.

- *Can Tony dance well?*
  Tony sabe dançar bem?

- *She could hear well when she was younger.*
  Ela podia ouvir bem quando era mais jovem.

- *Could she hear well when she was younger?*
  Ela podia ouvir bem quando era mais jovem?

- *The students may go home now.*
  Os alunos podem ir para casa agora.

- *May the students go home now?*
  Os alunos podem ir para casa agora?

Para a forma negativa usa-se o advérbio de negação **NOT** após o modal:

- *They might come by bus.*
  É possível que eles venham de ônibus.

- *They might not come by bus.*
  É possível que eles não venham de ônibus.

- *He will be there tonight.*
  Ele estará lá hoje à noite.

- *He won't be there tonight.*
  Ele não estará lá hoje à noite.

- *We shall sell our beach house.*
  Nós venderemos nossa casa de praia.

- *We shall not sell our beach house.*
  Nós não venderemos nossa casa de praia.

Para se fazer a forma interrogativa-negativa, coloca-se o modal, na forma negativa contraída, antes do sujeito:

- *They must leave now.*
  Eles devem partir agora.

- *Mustn't they leave now?*
  Eles não devem partir agora?

- *He should study more.*
  Ele deve estudar mais.

- *Shouldn't he study more?*
  Ele não deve estudar mais?

The Modal Auxiliaries/Os Auxiliares Modais

- *She would work with Paul when she lived here.*
  Ela costumava trabalhar com Paul quando morava aqui.

- *Wouldn't she work with Paul when she lived here?*
  Ela não costumava trabalhar com Paul quando morava aqui?

- *Sandra ought to help the kids.*
  Sandra deveria ajudar as crianças.

- *Ought Sandra not to help the kids?*
  Sandra não deveria ajudar os garotos?

X - Gerund and Participles
(Gerúndio e Particípios)

The Gerund
(O Gerúndio)

O gerúndio é uma forma nominal do verbo em **-ing**. Por ser forma nominal é, muitas vezes, usado como substantivo:

- *Dancing is fun.*
  Dançar é divertido.

- *I like dancing.*
  Eu gosto de dançar.

É importante observar que o gerúndio e o particípio presente apresentam a mesma forma (**-ing**), porém com funções diferentes na oração:

- ***Swimming** is an excellent exercise.*
  Nadar é um excelente exercício.

gerúndio = sujeito da oração

- *The **sewing** machine is too expensive.*
  A máquina de costura é excessivamente cara.

particípio presente = adjunto adnominal do sujeito (adjetivo)

Uses of the Gerund
(Os Usos do Gerúndio)

a) Sujeito da oração:

- ***Watching** TV is my only pastime.*
  Assistir a TV é meu único passatempo.

- ***Fishing** seems to be his favorite sport.*
  Pescar parece ser seu esporte favorito.

Observe que em português temos uma forma infinitiva do verbo, não um gerúndio.

b) Objeto da oração:

- *The children enjoy **camping** in the mountains.*
  As crianças gostam de acampar nas montanhas.

- *I hate **driving** in crowded streets.*
  Eu detesto dirigir em ruas congestionadas.

c) Complemento do verbo BE:

- *Paul's favorite sports are **fencing** and **swimming**.*
  Os esportes favoritos de Paul são esgrima e natação.

- *My hobby is **collecting** old coins.*
  Meu "hobby" é colecionar moedas antigas.

Observe que na primeira oração os gerúndios correspondem a substantivos em português.

Gerund and Participles/Gerúndio e Particípios 205

d) Depois de preposições:

- *I'm tired of **hearing** about his deeds.*
  Estou cansando de ouvir falar de suas proezas.

- *They are interested in **buying** your house.*
  Eles estão interessados em comprar sua casa.

Observe que em português usamos o infinitivo preposicionado.

e) Depois de certos verbos (**admit, appreciate, avoid, consider, delay, deny, detest, dread, enjoy, escape, finish, forgive, imagine, keep, mind, miss, postpone, practice, prevent, quit, resent, resist, suggest, stop**):

- *They **admitted** <u>stealing</u> the jewels.*
  Eles admitiram ter roubado as jóias.

- *They **consider** <u>continuing</u> with the project.*
  Eles pensam em continuar com o projeto.

- *They **enjoy** <u>playing</u> soccer.*
  Eles apreciam jogar futebol.

- *Tony **denied** <u>having</u> been with Mary.*
  Tony negou ter estado com Mary.

- *Most women **dread** <u>getting</u> old.*
  A maioria das mulheres tem pavor de envelhecer.

- *I **quit** <u>smoking</u> a year ago.*
  Eu parei de fumar há um ano.

f) Alguns verbos (**advise, allow, begin, continue, dislike, hate, intend, love, like, plan, permit, prefer, start, regret**) podem ser seguidos do gerúndio ou do infinitivo, sem mudança de significado:

- *We began working / to work at 9.*
  Nós começamos a trabalhar às nove.

- *Peter dislikes playing / to play cards.*
  Peter não gosta de jogar baralho.

- *My children hate taking / to take medicine.*
  Meus filhos detestam tomar remédio.

- *Melissa and Joan love going / to go to the amusement park.*
  Melissa e Joan adoram ir ao parque de diversões.

- *They will start playing / to play right after lunch.*
  Ele começarão a jogar logo depois do almoço.

g) Alguns verbos (**forget**, **remember**, **stop** e **try**) podem ser seguidos por gerúndio ou infinitivo, porém com mudança de significado:

- *Mary forgot inviting me.*
  Mary esqueceu que havia me convidado.

- *Mary forgot to invite me.*
  Mary esqueceu de me convidar.

- *He remembered answering Peter's letter.*
  Ele se lembrou de ter respondido a carta de Peter.

- *He remembered to answer Peter's letter.*
  Ele se lembrou de responder a carta de Peter.

- *She stopped talking to us.*
  Ela parou de falar conosco.

Gerund and Participles/Gerúndio e Particípios

- *She stopped **to talk** to us.*
  Ela parou a fim de falar conosco.

- *Please try **opening** this box.*
  Por favor, só para testar, abra esta caixa.

- *Please try **to open** this box.*
  Por favor, veja se você consegue abrir esta caixa.

The Participles
(Os Particípios)

Há dois tipos de particípios em inglês: presente e passado. O particípio presente, também chamado particípio ativo, é formado do infinitivo do verbo + o sufixo **-ing**:

    work   working

    talk   talking

    love   loving

Gerund and Participles/Gerúndio e Particípios

Uses of the Present Participle
(Usos do Particípio Presente)

a) Como modificador de um substantivo (adjetivo):

> a **shooting** star — uma estrela cadente
> **running** water — água corrente
> the **barking** dog — o cachorro que ladra

b) Na formação dos tempos progressivos:

- *She is working*
  Ela está trabalhando.

- *They will be working.*
  Eles estarão trabalhando.

- *We've been working.*
  Nós temos estado trabalhando.

c) Quando duas ações acontecem simultaneamente:

- *They are working in the backyard **fixing** the old car.*
  Eles estão trabalhando no quintal, consertando o carro velho.

- *John broke his left arm when **playing** soccer.*
  John quebrou o braço esquerdo jogando futebol.

d) Quando uma oração ocorre imediatamente antes de outra:

- ***Turning** off the lights, he left immediately.*
  Após apagar as luzes, ele partiu imediatamente.

- ***Taking** a gun out of her purse, she shot the guy.*
  Após retirar um revólver da bolsa, ela atirou no cara.

O particípio passado é formado acrescentando-se **-ed** ou **-d** ao infinitivo dos verbos regulares:

> work   worked
> talk   talked
> love   loved

NOTA

Os verbos irregulares apresentam formas específicas no particípio passado. Ver lista na página 383.

Uses of the Past Participle
(Usos do Particípio Passado)

1. Como modificador de um substantivo (adjetivo):

    used books   livros usados
    stolen goods   mercadorias roubadas
    a **written** statement   um depoimento escrito

2. Na formação dos tempos perfeitos:

- *I have seen.*
  Eu vi.

- *She had seen.*
  Ela tinha visto.

3. Na voz passiva:

- *The windowpane was **broken** last night.*
  A vidraça foi quebrada ontem à noite.

- *The thief got **caught**.*
  O ladrão foi apanhado.

XI - Adverbs
(Advérbios)

O advérbio é a parte do discurso que funciona, fundamentalmente, como modificador do verbo. Pode, também, modificar um adjetivo e um outro advérbio:

a) do verbo:

- *The children **never** go out alone*

  As crianças nunca saem sozinhas.

- *Paul washed the car **quickly**.*

  Paul lavou o carro rapidamente.

b) de um adjetivo:

- *Mary is **extremely** intelligent.*

  Mary é extremamente inteligente.

- *Your composition is **rather** good.*

  A sua redação está bem boazinha.

c) de um outro advérbio:

- *He speaks **too** fast.*

  Ele fala muito depressa.

- *Sharon typed the paper **very** carelessly.*

  Sharon datilografou o trabalho muito negligentemente.

Alguns advérbios aparecem, não raro, como modificadores de outras partes do discurso:

a) de um substantivo:

- ***Only** Paul didn't come to the meeting.*

  Somente Paul não veio à reunião.

- *Our neighbor **downstairs** is Japanese.*

  Nosso vizinho de baixo é japonês.

b) de uma locução prepositiva:

- *The scarecrow was placed **right** in the middle of the corn field.*

  O espantalho foi colocado bem no meio do milharal.

Adverbs/Advérbios

- *She arrived **just** in the nick of time.*

  Ela chegou bem na hora H.

c) de um determinante (numeral ou pronome):

- ***Over** fifty deaths were reported after the earthquake.*

  Mais de cinqüenta mortes foram noticiadas após o terremoto.

- ***Nearly** everyone came for the wedding ceremony.*

  Quase todos vieram para a cerimônia de casamento.

Kinds of Adverbs
(Tipos de Advérbios)

MODO		LUGAR	
fast	depressa	here	aqui
badly	mal	there	lá
hard	severamente	inside	dentro
slowly	vagarosamente	outside	fora
well	bem	near	perto
just	exatamente	far	longe
etc.		etc.	

TEMPO		INTENSIDADE	
already	já	very	muito
just	há pouco	almost	quase
now	agora	too	demais, excessivamente
soon	logo		
still	ainda	rather	bastante
yet	ainda, já	quite	bem
today	hoje	fairly	razoavelmente
yesterday	ontem	etc.	
tomorrow	amanhã		
etc.			

Adverbs/Advérbios

FREQÜÊNCIA		INTERROGATIVO	
always	sempre	**When?**	Quando?
often	freqüentemente	**Where?**	Onde?
never	nunca	**Why?**	Por que?
seldom	raramente	**How?**	Como?
frequently	freqüentemente		
occasionally	ocasionalmente		
etc.			

AFIRMAÇÃO		NEGAÇÃO	
yes	sim	**not, no**	não

RELATIVOS	
when	quando
where	onde
why	porque
how	como

The Formation of Adverbs
(A Formação de Advérbios)

a) de adjetivos:

A maioria dos advérbios de modo e alguns advérbios de intensidade são formados acrescentando-se o sufixo **-ly** ao adjetivo:

careful / carefully	cuidadoso / cuidadosamente
immediate / immediately	imediato / imediatamente
evident / evidently	evidente / evidentemente

Caso o adjetivo já termine em **-ly**, nada se acrescenta para a formação do advérbio:

- *I'm tired of my **daily** routine.* (Adj.)
  Estou cansado da minha rotina diária.

- *Bob's column is published **daily**.* (Adv.)
  A coluna de Bob é publicada diariamente.

b) Os demais advérbios apresentam formas próprias (**here** / aqui, **now** / agora, **very** / muito) ou partilham as mesmas formas com outras partes do discurso:

- *Alice speaks **loud**.* (Adv.)
  Alice fala alto.

Adverbs/Advérbios

- *Alice has a **loud** voice.* (Adj.)
  Alice tem um tom de voz alto.

- *They live **downstairs**.* (Adv.)
  Eles moram no andar de baixo.

- *They rented the whole **downstairs**.* (Subst.)
  Eles alugaram o andar de baixo inteiro.

- *A lot of stars glittered **above**.* (Adv.)
  Muitas estrelas brilhavam acima.

- *Anything **above** a hundred dollars is too expensive.* (Prep.)
  Qualquer coisa acima de cem dólares é excessivamente caro.

NOTAS

a. O advérbio de **good** é **well**.

b. Alguns adjetivos e advérbios possuem a mesma forma: **early, cheap, wrong** e outros. O contexto determina a classe de palavras:

- *He has to take the **early** bus.* (Adj.)
  Ele precisa tomar o ônibus matutino.

- *I'll have to get up **early** tomorrow.* (Adv.)
  Eu terei que levantar cedo amanhã.

- *It was a good dinner and also very **cheap**.* (Adj.)
  Foi um bom jantar e inclusive muito barato.

- *They went to a bargain shop and bought the wall clock **cheap**.* (Adv.)
  Eles foram a uma loja de pechinchas e compraram o relógio de parede barato.

- *Some of the students gave me the **wrong** answer.* (Adj.)
  Alguns dos alunos me deram a resposta errada.

- *Something must have gone **wrong** with Paul's experiment.* (Adv.)
  Algo deve ter saído errado com o experimento de Paul.

The Comparison of Adverbs
(A Comparação dos Advérbios)

Comparative Degree of Superiority
(Grau Comparativo de Superioridade)

a) ADVÉRBIO + **er** + **than**

Com advérbios de uma sílaba e alguns de duas sílabas:

- *Liza walks **faster than** Sandra.*
  Liza anda mais rápido do que Sandra.

- *Jane drives **slower than** Maria.*
  Jane dirige mais devagar do que Maria.

- *They came **earlier than** the other guests.*
  Eles chegaram mais cedo do que os outros convidados.

b) **more** + ADVÉRBIO + **than**

Com advérbios de duas ou mais sílabas:

- *Liza walks **more gracefully than** Sandra.*
  Liza anda mais graciosamente do que Sandra.

- *Jane drives **more carefully than** Maria.*
  Jane dirige mais cuidadosamente do que Maria.

- *They come **more frequently than** the other guests.*
  Eles vêm mais freqüentemente do que os outros convidados.

Comparative Degree of Equality
(Grau Comparativo de Igualdade)

a) **as** + ADVÉRBIO + **as**

Com qualquer advérbio, em frases afirmativas e interrogativas:

- *She sings **as well as** Judy.*
  Ela canta tão bem quanto Judy.

- *Does he come here **as frequently as** John?*
  Ele vem aqui tão freqüentemente quanto John?

b) **not as** + ADVÉRBIO + **as**
         so

Com qualquer advérbio, em frases negativas:

- *Paul **doesn't** work **as hard as** Billy.*
  Paul não trabalha tão duro quanto Billy.

- *Brian and his brother **don't** drive **so carefully as** the other two guys.*
  Brian e o irmão não dirigem tão cuidadosamente quanto os outros dois rapazes.

Comparative Degree of Inferiority
(Grau Comparativo de Inferioridade)

less + ADVÉRBIO + **than**

Com qualquer advérbio:

- *He runs less fast than Willy.*
  Ele corre menos rápido do que Willy.

- *They come here less frequently than Sue.*
  Eles vêm aqui menos freqüentemente do que Sue.

Superlative
(Superlativo)

O grau superlativo dos advérbios raramente é usado, pois é considerado como um padrão lingüístico inaceitável ou demasiadamente coloquial. Exemplos:

- *William drives **(the) fastest** of all.*
  William dirige mais rápido do que todos.

- *He snores **(the) loudest** of all.*
  Ele ronca mais alto do que todos.

- *Among all the boys, Kevin behaves **(the) most politely**.*
  Dentre todos os garotos, Kevin se comporta mais educadamente.

NOTA

OF ALL pode ser omitido sem prejuízo do entedimento.

Compare:

- *They enjoy soccer best of all sports.*
  Eles gostam mais de futebol dentre todos os esportes.

- *They enjoy soccer best.*
  Eles gostam mais de futebol.

Irregular Comparisons
(Comparações Irregulares)

Positivo	Comparativo	Superlativo
well	better	best
badly	worse	worst
far	farther / further *	farthest / furthest
little	less	least
much	more	most

* Em geral não se faz distinção entre **"farther / farthest"** e **further / furthest"**, mas em inglês formal **"farther e farthest"** são formas empregadas quando <u>nos referimos à distância</u>:

- *He traveled **farther** and **farther** into the sea.*
  Ele viajou mais e mais no mar aberto.

"Further e **furthest"** são empregados quando <u>não nos referimos à distância</u>:

- *If you go any **further** with your type of behavior, you will be in trouble.*
  Se você prosseguir com esse tipo de comportamento, você se meterá em confusão.

The Position of Adverbs
(A Colocação dos Advérbios)

Em língua inglesa, há uma certa liberdade na distribuição do advérbio. Sua colocação admite, pelo menos, três possibilidades:

*a. **Carefully** he wrote all the letters.*
   Cuidadosamente ele escreveu todas as cartas.

*b. He **carefully** wrote all the letters.*
   Ele, cuidadosamente, escreveu todas as cartas.

*c. He wrote all the letters **carefully**.*
   Ele escreveu todas as cartas cuidadosamente.

Observe que em (a) temos o advérbio antes do sujeito, em (b) entre o sujeito e o verbo e em (c) após o verbo ou o objeto.

Os advérbios de modo gozam de bastante flexibilidade e, normalmente, podem aparecer nas três posições anteriormente apresentadas.

- ***Quickly** he organized the entire thing.*
  Rapidamente ele organizou a coisa toda.

- *He **quickly** organized the entire thing.*
  Ele, rapidamente, organizou a coisa toda.

- *He organized the entire thing **quickly**.*
  Ele organizou a coisa toda rapidamente.

O advérbio de modo **just** é colocado após o verbo **TO BE**:

Adverbs/Advérbios

- *That's **just** what I'm looking for.*
  Isso é exatamente o que eu estou procurando.

- *It's **just** as I thought.*
  É exatamente como eu pensava.

Os <u>advérbios</u> <u>de</u> <u>lugar</u> são colocados após o verbo ou o objeto:

- *They had some difficulty to climb **up**.*
  Eles tiveram alguma dificuldade em chegar lá em cima.

- *She wants to find all the books **there**.*
  Ela quer encontrar todos os livros lá.

Geralmente, os <u>advérbios</u> <u>de</u> <u>tempo</u> podem ser colocados em posição inicial, antes do sujeito, ou final, após o verbo ou objeto:

- ***Tomorrow** I will talk to him.*
  Amanhã eu falarei com ele.

- *They are going to arrive **soon**.*
  Eles vão chegar logo.

No entanto, alguns advérbios são colocados em outras posições na oração. O advérbio **still**, usado em orações afirmativas, é colocado após o verbo (com os verbos auxiliares) ou entre o sujeito e o verbo (com os outros verbos):

- *He is **still** waiting for you.*
  Ele ainda está esperando por você.

- *Mary **still** works at that company.*
  Mary ainda trabalha naquela companhia.

O advérvio **yet**, usado em orações negativas e interrogativas-negativas, é colocado após o verbo ou entre o auxiliar e o verbo principal:

- *Nancy has not arrived **yet**.*
  Nancy ainda não chegou.

- *Aren't you finished eating **yet**?*
  Você ainda não terminou de comer?

- *I haven't **yet** decided what to do with Paul.*
  Eu ainda não decidi o que fazer com Paul.

O advérbio **already**, usado em orações afirmativas, é colocado após o verbo auxiliar ou após o objeto.

- *She has **already** brought the check.*
  Ela já trouxe o cheque.

- *She has brought the check **already**.*
  Ela já trouxe o cheque.

Already pode também ser usado em orações interrogativas ou negativas quando expressam surpresa por parte do interlocutor ou quando espera-se obter uma resposta afirmativa, respectivamente:

- *Has he left **already**?*
  Ele já foi embora?

- *He hasn't left **already**.*
  Ele não foi embora ainda.

Adverbs/Advérbios

O advérbio **just**, usado em orações afirmativas, é colocado antes do verbo ou entre o verbo auxiliar e o principal no **Present Perfect**:

- *We **just** finished the report.*
  Nós acabamos de terminar o relatório.
  (Nós terminamos o relatório há pouco.)

- *She has **just** arrived.*
  Ela acabou de chegar.
  (Ela chegou há pouco.)

Os <u>advérbios</u> <u>de</u> <u>intensidade</u> são sempre colocados antes do adjetivo ou de outro advérbio:

- *Tony is **extremely** lazy.*
  Tony é extremamente preguiçoso.

- *The day was **too** hot.*
  O dia estava demasiadamente quente.

- *Judy writes **really** well.*
  Judy escreve realmente bem.

- *The children behaved **very** badly.*
  As crianças se comportaram muito mal.

Os <u>advérbios</u> <u>de</u> <u>freqüência</u> apresentam diferentes padrões de colocação:

a. <u>depois</u> <u>do</u> <u>verbo</u>, com **to be** em tempos simples:

- *He is **always** late for work.*
  Ele está sempre atrasado para o trabalho.

- *They were **frequently** on time.*
  Eles estavam freqüentemente na hora.

b. depois do sujeito, com todos os demais verbos, em tempos simples:

- *They **occasionally** work at night.*
  Ocasionalmente eles trabalham à noite.

- *We **never** travel by train.*
  Nós nunca viajamos de trem.

c. após o primeiro auxiliar, com os tempos compostos:

- *They children have **always** been told not to talk to strangers.*
  As crianças são sempre orientadas a não falar com estranhos.

- *She has **sometimes** begun classes, when we arrive.*
  Às vezes ela já começou a aula quando chegamos.

d. após os verbos modais:

- *We may **never** forgive him.*
  Nós não podemos jamais perdoá-lo.

- *The students will **frequently** go on tours.*
  Os alunos irão freqüentemente a excursões.

e. antes dos verbos auxiliares, em respostas, ou quando esses auxiliares são usados isoladamente em um período composto:

- *– May I leave my bike here?*
  *– Yes, you **always** may.*

- Posso deixar minha bicicleta aqui?
- Sim, você sempre pode.

- *I realize I should study more, but I **never** do it.*
  Eu tenho consciência de que deveria estudar mais, porém eu nunca faço isso.

O <u>advérbio</u> <u>de</u> <u>afirmação</u>, geralmente usado em respostas, é sempre colocado em posição inicial, antes do sujeito:

- – *Do you know where she lives?*
  – ***Yes**, I do.*
  – Você sabe onde ela mora?
  – Sim, eu sei.

Os <u>advérbios</u> <u>de</u> <u>negação</u>, usados em orações negativas ou interrogativas-negativas, são colocados em posição inicial, antes do sujeito (**no**) e após o verbo **to be** e os demais auxiliares (**not**):

- – *Do you know where she lives?*
  – ***No**, I don't know.*
  – Você sabe onde ela mora?
  – Não, eu não sei.

- – *Can he speak English?*
  – *No, he can **not**.*
  – Ele sabe falar inglês?
  – Não, ele não sabe.

- – *Won't they travel by bus.*
  – *No, they wo**n't**.*

- Eles não viajarão de ônibus?
- Não, eles não viajarão de ônibus.

Os <u>advérbios de interrogação</u> são sempre colocados em posição inicial, no início das orações interrogativas:

- *When do they plan to travel to England?*
  Quando eles planejam viajar para a Inglaterra?

- *How will they travel?*
  Como eles viajarão?

Os <u>advérbios de relação</u>, usados em períodos compostos, servem para unir duas orações:

- *Nancy left the office **when** we arrived.*
  Nancy saiu do escritório quando nós chegamos.

- *We really don't know **why** she is here.*
  Nós realmente não sabemos porque ela está aqui.

- *I went to the little town **where** my parents were born.*
  Eu fui à cidadezinha onde meus pais nasceram.

Adverbial Expressions
(Locuções Adverbiais)

Locuções adverbiais são expressões que têm a natureza e função de advérbios. Podem ser classificadas como os advérbios:

MODO	
as soon as possible	com toda presteza possível
at random	de modo aleatório
in a hurry	com pressa

LUGAR	
at school	na escola
in the office	no escritório
near the lake	perto do lago

TEMPO	
after dinner	depois do jantar
in a short time	dentro de pouco tempo
in the morning	de manhã

Sequence of Adverbs
(Seqüência de Advérbios)

	LUGAR	MODO	TEMPO
He went	there.		
He went		gladly.	
He went			yesterday.
He went	there	gladly.	
He went		gladly	yesterday.
He went	there		yesterday.
He went	there	gladly	yesterday.

XII - Prepositions and Prepositional Phrases
(Preposições e Locuções Prepositivas)

Preposições (ou locuções prepositivas) são palavras invariáveis que ligam e relacionam dois termos de uma oração. Ao ligar os dois termos, a preposição estabelece entre ambos relações de **lugar, posição, movimento, modo** etc.

Place and Position
(Lugar e Posição)

> **AT** / em, a (indica local)

- *The children are **at** school now.*
  As crianças estão na escola agora.

- *We'll be **at** the swimming pool within ten minutes.*
  Nós estaremos na piscina dentro de dez minutos.

- *There's a woman standing **at** the door.*
  Há uma mulher em pé à porta.

- *He's going to stay **at** a hotel.*
  Ele vai ficar em um hotel.

Expressões idiomáticas com AT

at sea ao mar	*The boat is already at sea.* O barco já está ao mar.
at home em casa	*He's not at home now.* Ele não está em casa agora.
at the table à mesa	*They are all at the table.* Eles estão todos à mesa.

IN / em, dentro de, no meio de

- *They are living in London now.*
  Eles estão morando em Londres agora.

- *I put the credit card in the drawer.*
  Eu coloquei o cartão de crédito dentro da gaveta.

- *The child was completely lost in the crowd.*
  A criança estava completamente perdida no meio da multidão.

- *You'll find the papers in that green box.*
  Você encontrará os documentos naquela caixa verde.

Expressões idiomáticas com IN

in bed na cama	They're already **in bed**. Eles já estão na cama.

Prepositions/Preposições

in a/the car   *The children are **in the car**.*
(taxi, wagon, truck)
no/ num carro   As crianças estão no carro.
(taxi, perua, caminhão)

in the middle (of)   *He was lost **in the middle of** a crowd.*
no meio (de)   Ele estava perdido no meio de uma multidão.

in the center (of)   *Place it right **in the center of** the garden.*
no centro (de),   Coloque-o bem no meio do jardim.
no meio (de)

in the snow   *He was walking **in the snow**.*
na neve   Ele estava caminhando na neve.

in the rain   *They are playing **in the rain**.*
na chuva   Eles estão brincando na chuva.

in the sun   *We were playing basketball **in the sun**.*
ao sol   Nós estávamos jogando basquete ao sol.

in the dark   *The cat was chasing a mouse **in the dark**.*
no escuro   O gato estava caçando um ratinho no escuro.

in town   *I won't be **in town** tomorrow.*
na cidade   Eu não estarei na cidade amanhã.

in the city   *Is there anything new **in the city**?*
na cidade   Há algo de novo na cidade?

in the air   *There's something strange **in the air**.*
no ar   Há algo estranho no ar.

OBSERVAÇÕES

a) Usa-se **IN** com continentes, países, estados, regiões geográficas, cidades e bairros.

- *He had an accident **in** Africa.*
  Ele sofreu um acidente na África.

- *They are living **in** Mexico now.*
  Eles estão morando no México agora.

- *I'd rather stay here **in** California.*
  Eu preferiria ficar aqui na Califórnia.

- *It's raining hard **in** the south.*
  Está chovendo forte no Sul.

- *They'll open a new store **in** Paris.*
  Eles abrirão uma nova loja em Paris.

- *He bought a studio apartment **in** Brooklyn.*
  Ele comprou uma kitchenete no Brooklyn.

b) Usa-se **AT** com lugares pequenos ou específicos e diante de cidadezinhas.

- *He will wait for you **at** the airport in New York City.*
  Ele esperará por você no aeroporto da cidade de Nova Iorque.

- *Frank is in Indiana **at** the University.*
  Frank está em Indiana, na universidade.

- *The bus doesn't stop **at** Gardenville.*
  O ônibus não pára em Gardenville.

Prepositions/Preposições

> **ON** / em, sobre (em contato com outra superfície)

- *Don't put your hands **on** my things.*
  Não ponha as mãos nas minhas coisas.

- *All the ingredients we need are **on** the table.*
  Todos os ingredientes de que precisamos estão sobre a mesa.

- *The dog is lying **on** the grass.*
  O cachorro está deitado na grama.

- *He wrote a summary **on** the chalkboard.*
  Ele escreveu um resumo na lousa.

Expressões idiomáticas com ON

on TV — *I saw an old movie **on TV** last night.*
na TV — Eu vi um filme antigo na TV ontem à noite.

on the road — *They're once again **on the road**.*
na estrada — Eles estão novamente na estrada.
(= viajando)

on top of — *Someone sat **on top of** my hat.*
sobre, em cima de — Alguém se sentou em cima do meu chapéu.

on board — *I'm sure everybody is **on board**.*
a bordo — Tenho certeza de que todos estão a bordo.

on land — *Fortunately we're already **on land**.*
em terra — Felizmente já estamos em terra.

**on the bus
(train, plane)**

I left my umbrella on the bus.

no ônibus
(trem, avião)

Eu deixei meu guarda-chuva no ônibus.

OFF / fora de, distante de, ao longo de

- *Please keep off the animal cages.*
  Por favor, mantenham-se distante das jaulas dos animais.

- *Our store is off the main street.*
  Nossa loja é fora da rua principal.

- *It's common to see sharks off the Japanese coast.*
  É comum ver tubarões ao longo da costa japonesa.

ACROSS / do outro lado, do lado oposto

- *I used to live in that yellow house across the street.*
  Eu morava naquela casa amarela do outro lado da rua.

- *My father had an apartment across the hall.*
  Meu pai tinha um apartamento do outro lado do corredor.

AROUND / em volta de, ao redor de, por todos os lados

- *She had a wool scarf around her neck.*
  Ela tinha um cachecol em volta do pescoço.
- *It's a new satellite in orbit around the earth.*
  É um novo satélite em órbita ao redor da terra.

- *Unfortunately **around** us lay the ruins of a town.*
  Infelizmente, por todos os lados nos deparávamos com as ruínas de uma cidade.

ABOUT / em volta de, ao redor de

- *All the indians gathered **about** him.*
  Todos os índios se juntaram em volta dele.

- *There is a moat **about** the castle.*
  Há um fosso ao redor do castelo.

BETWEEN / entre (duas entidades apenas)

- *My office is **between** the bank and the bookstore.*
  O meu escritório fica entre o banco e a livraria.

- *She is sitting **between** Paul and a boy in a red shirt.*
  Ela está sentada entre Paul e um garoto de camisa vermelha.

AMONG / entre (várias entidades), dentre

- *Sandy was playing **among** other children.*
  Sandy estava brincando entre outras crianças.

- ***Among** all the things we need, only the stools are missing.*
  Dentre todas as coisas de que precisamos, faltam apenas os banquinhos.

ABOVE / acima de, sobre

- *Dark clouds hung **above** the city.*
  Nuvens escuras estão suspensas sobre a cidade.

- *The level of the water is **above** the average.*
  O nível da água está acima da média.

BELOW / abaixo de; sob, em baixo de

- *We were flying so high that we couldn't see anything **below** the clouds.*
  Nós estávamos voando tão alto que não podíamos ver coisa alguma abaixo das nuvens.

- *Some parts of Holland are **below** sea level.*
  Algumas partes da Holanda estão abaixo do nível do mar.

UNDER / sob, em baixo de, por baixo de

- *I placed the papers **under** the radio.*
  Eu coloquei os documentos sob o rádio.

- *She put the key **under** the mat.*
  Ela colocou a chave em baixo do tapete.

- *Somebody left a message **under** the door.*
  Alguém deixou um bilhete por baixo da porta.

OVER / por cima de, acima de, sobre

- *There's a bee flying **over** your head.*
  Há uma abelha voando por cima da sua cabeça.

- *She has a beautiful shawl **over** her shoulders.*
  Ela tem um lindo xale sobre os ombros.

INSIDE / dentro de, em

- *I looked **inside** the house, but I didn't see anybody.*
  Eu olhei dentro da casa, mas não vi ninguém.

- *What are you doing **inside** the barrel?*
  O que você está fazendo dentro do barril?

OUTSIDE / fora de, além dos limites de

- *The dog is **outside** the kennel.*
  O cachorro está fora do canil.

- *They live **outside** New York.*
  Eles moram fora de Nova Iorque.

- *I told you that matter falls **outside** the jurisdiction of this court.*
  Eu lhe disse que aquele caso está fora da jurisdição deste tribunal.

BESIDE, BY / ao lado de, junto a, perto de

- *She wants to sit **beside** / **by** me.*
  Ela quer sentar-se ao meu lado.

- *It's a tall building **beside** / **by** the post office.*
  É um prédio alto junto ao correio.

NEAR / perto de, pegado a

- *Please, don't stay so **near** the cage.*
  Por favor, não fique tão perto da jaula.

- *My clinic is **near** the Avenue of the Americas.*
  Minha clínica fica perto da Avenida das Américas.

AGAINST / junto a, em contato com

- *The man leaned **against** the tree.*
  O homem apoiou-se junto à árvore.

- *She stood up with her face **against** the elephant.*
  Ela ficou de pé com o rosto em contato com o elefante.

BEHIND / atrás de

- *She's going to hide herself **behind** the oak tree.*
  Ela vai se esconder atrás do carvalho.

- *Nancy sits **behind** me in the English class.*
  Nancy senta-se atrás de mim na aula de inglês.

AFTER / atrás de, no encalço de

- *All the policemen were **after** the bank robbers.*
  Todos os policiais estavam atrás dos assaltantes do banco.

- *The dog was running **after** the poor little cat.*
  O cachorro estava correndo no encalço do pobre gatinho.

Prepositions/Preposições

> **IN FRONT OF** / em frente de, defronte

- *The movie theater is right **in front of** my house.*
  O cinema fica bem defronte a minha casa.

- *She is standing **in front of** Peter.*
  Ela está de pé na frente de Peter.

- *They gathered together **in front of** the televison.*
  Eles se juntaram em frente à televisão.

> **BEYOND** / além de

- *The camping site is **beyond** those hills.*
  O local de acampamento é além daquelas colinas.

- *We drove **beyond** the city limits.*
  Nós dirigimos além dos limites do município.

> **ALONG** / por, ao longo de

- *There are palm trees all **along** the road.*
  Há palmeiras por toda a estrada.

- *We were walking **along** the street when Liza fell down.*
  Nós estávamos andando ao longo da rua quando Liza caiu.

> **FAR FROM** / longe de

- *We live **far from** the University campus.*
  Nós moramos longe do campus universitário.

- *New York is not **far from** Atlantic City.*
  Nova Iorque não é longe de Atlantic City.

NEXT TO / junto a, ao lado de

- *I don't like to sit **next to** the window.*
  Eu não gosto de me sentar junto à janela.

- *The bank is **next to** the police station.*
  O banco é ao lado da delegacia de polícia.

CLOSE TO / perto de, pegado

- *I don't like to sit **close to** the window.*
  Eu não gosto de me sentar perto da janela.

- *The bank is **close to** the police station.*
  O banco é pegado à delegacia de polícia.

THROUGHOUT / em toda, por toda

- *Dr. Kilman is famous **throughout** Europe.*
  O Dr. Kilman é famoso em toda a Europa.

- *There was mud **throughout** the house.*
  Havia lama por toda a casa.

AS FAR AS / até (para distância)

- *We can see **as far as** the horizon.*
  Nós conseguimos enxergar até o horizonte.

- *They walked **as far as** the lake this morning.*
  Eles caminharam até o lago esta manhã.

Prepositions/Preposições

Direction and Motion
(Direção e Movimento)

IN, INTO / em, para

- *They went **in / into** the house.*
  Eles entraram em casa.

- *He dived **in / into** the lake.*
  Ele mergulhou no lago.

TO / a, para (indica movimento para lugar definido)

- *I've always wanted to go **to** California.*
  Eu sempre quis ir à Califórnia.

- *They go **to** school next year.*
  Eles vão para a escola no ano que vem.

TOWARD (S) / em direção a

- *The little dog ran **toward** (s) the car.*
  O cachorrinho correu em direção ao carro.

- *I didn't see she was walking **toward** (s) me.*
  Eu não vi que ela estava andando na minha direção.

OUT OF / de (implica movimento para fora)

- *He came **out of** the house.*
  Ele saiu da casa.

- *She took a gun **out of** her purse.*
  Ela tirou um revólver da bolsa.

FROM / de (indica procedência, origem)

- *She has just arrived **from** school.*
  Ela acabou de chegar da escola.

- *He fell **from** a tree and broke his left arm.*
  Ele caiu de uma árvore e quebrou o braço esquerdo.

- *Mr. Shimada is **from** Japan.*
  O Sr. Shimada é do Japão.

BY / em, por

- *I'll have to stop **by** the bakery to get some bread.*
  Eu terei que parar na padaria para comprar pão.

- *Joan passed **by** me without seeing me.*
  Joan passou por mim sem me ver.

ABOUT, AROUND / ao redor de, em volta de

- *We drove **about / around** the town to see its historic places.*
  Nós andamos de carro ao redor da cidade para ver seus lugares históricos.

- *She had a wool scarf **about / around** her neck.*
  Ela tinha um cachecol em volta do pescoço.

ACROSS / de ponta a ponta, de lado a lado

- *He drove **across** the city in about twenty minutes.*
  Ele dirigiu de ponta a ponta da cidade em aproximadamente vinte minutos.

- *We intend to travel **across** the country.*
  Nós pretendemos viajar pelo país, de lado a lado.

OVER / por cima de, sobre

- *The boy jumped **over** the wall.*
  O garoto pulou por cima do muro.

- *I'd like to fly **over** southern France.*
  Eu gostaria de voar sobre o Sul da França.

OBSERVAÇÃO

Na primeira oração, a preposição **over** nem sempre é traduzida (O garoto pulou o muro).

UP / por, acima, contra (indica movimento para cima ou para o Norte)

- *We'll have to climb **up** a hill.*
  Teremos que subir por um morro.

- *They intend to travel **up** the country.*
  Eles pretendem viajar para o Norte do país.

- *I saw her walking **up** the main street.*
  Eu a vi subindo a rua principal.

- *Please be quiet and stand **up**.*
  Por favor, fiquem quietos e levantem-se.

- *We are going to row **up** the river.*
  Nós vamos remar rio acima.

- *They had to wade **up** the river rapids.*
  Eles tiveram que vadear o rio contra as correntes.

> **OBSERVE**
>
> A preposição **UP** nem sempre é traduzida.

> **DOWN** / por, abaixo (indica movimento para baixo ou para o Sul)

- *We'll have to climb **down** a hill.*
  Nós teremos que descer por um morro.

- *They intend to travel **down** the country.*
  Eles pretendem viajar para o Sul do país.

- *I saw her walking **down** the main street.*
  Eu a vi descendo a rua principal.

- *Please give a glance **down** the page.*
  Por favor, dê uma olhada na parte inferior da página.

- *Please be quiet and sit **down**.*
  Por favor, fiquem quietos e sentem-se.

- *We are going to row **down** the river.*
  Nós vamos remar rio abaixo.

Prepositions/Preposições

> **OBSERVE**
>
> A preposição **DOWN** nem sempre é traduzida.

| **AT** / por, em (indica movimento ou direção) |

- *Aim **at** the target and shoot.*
  Aponte para o alvo e atire.

- *Suddenly the dog jumped **at** the thief's throat.*
  De repente o cachorro pulou no pescoço do ladrão.

- *James threw a rock **at** my cat.*
  James jogou uma pedra no meu gato.

Expressões idiomáticas

north (south, east, west) of
ao Norte (Sul, Leste, Oeste) de

- *They live in the United States **north of** Maryland.*
  Eles moram nos Estados Unidos ao norte de Maryland.

in the north (south, east, west)
no Norte (Sul, Leste, Oeste)

- *We're living **in the south** now.*
  Nós estamos morando no sul agora.

on the right (left) (of)
à direita (esquerda) (de)

- *The bank is **on the right** side of the street.*
  O banco fica do lado direito da rua.

TIME
(Tempo)

AT / a (com horas)

- *Lunch will be served **at** 1 o'clock sharp.*
  O almoço será servido a uma em ponto.

- *I usually get up **at** 9 o'clock.*
  Eu normalmente me levanto às 9 horas.

- *The meeting will start **at** 10:30.*
  A reunião começará às 10:30.

Expressões idiomáticas com AT

at Christmas (Easter)
no Natal (na Páscoa)

- *My son will be home **at Christmas**.*
  Meu filho estará em casa no Natal.

at the end (of)
no fim (de)

- *They will return to New York **at the end** of summer.*
  Eles retornarão a Nova Iorque no fim do verão.

at present
no momento

- ***At present** he's not in the office.*
  No momento, ele não está no escritório.

Prepositions/Preposições

at dawn (sunrise)
ao romper d'alva

- *I'll get up at down tomorrow.*
  Eu me levantarei ao romper d'alva amanhã.

at sunset
ao pôr do sol

- *The swallows go away at sunset.*
  As andorinhas vão embora ao pôr do sol.

at night
à noite

- *My husband works at night.*
  Meu marido trabalha à noite.

at noon
ao meio-dia

- *We eat lunch at noon.*
  Nós almoçamos ao meio-dia.

at midnight
à meia-noite

- *I leave working at midnight.*
  Eu saio do trabalho à meia-noite.

at the same time
na mesma hora

- *I'll be there at the same time.*
  Eu estarei lá na mesma hora.

at the right time
na hora certa

- *Fortunately she came **at the right time***.
  Felizmente ela chegou na hora certa.

at the wrong time
na hora errada

- *Unfortunately she came **at the wrong time***.
  Infelizmente ela chegou na hora errada.

IN / em, por (com anos, estações, meses e partes do dia)

- *Liza was born **in 1964***.
  Liza nasceu em 1964.

- *I love Boston **in the summer***.
  Eu adoro Boston no verão.

- *Tony and Sandra were married **in May***.
  Tony e Sandra se casaram em maio.

- *The children go to school **in the morning***.
  As crianças vão à escola de / pela manhã.

Expressões idiomáticas com IN

in the daytime
de dia

- *The moths never come **in the daytime***.
  As mariposas nunca vêm de dia.

Prepositions/Preposições

in the past
no passado

- *In the past, the train was the most efficient kind of transportation.*
  No passado, o trem era o mais eficiente tipo de transporte.

in (the) future
no futuro

- *She doesn't know what is going to happen to her in the future.*
  Ela não sabe o que vai lhe acontecer no futuro.

ON / em (com datas e dias da semana)

- *Melissa's father died on April 9, 1991.*
  O pai de Melissa morreu em 9 de abril de 1991.

- *He has an appointment with the cardiologist on the eighth.*
  Ele tem consulta marcada com o cardiologista no dia 8.

- *We went to the movies on Saturday.*
  Nós fomos ao cinema no sábado.

Expressões idiomáticas com ON

on Easter Sunday
no domingo de Páscoa

- *On Easter Sunday, children get chocolate eggs.*
  No domingo de Páscoa, as crianças ganham ovos de chocolate.

On Labor Day
no dia do Trabalho

- *We're going to have a picnic on **Labor Day**.*
  Nós vamos fazer um piquenique no dia do Trabalho.

on New Year's Eve (Day)
na véspera (no dia) do Ano Novo

- ***On New Year's Eve**, people celebrate the end of the old year and the beginning of the new.*
  Na véspera do Ano Novo, as pessoas celebram o fim do ano velho e o início do ano novo.

on Thanksgiving Day
no dia de Ação de Graças

- *I'll pay you a visit **on Thanksgiving Day**.*
  Eu vou fazer-lhe uma visita no dia de Ação de Graças.

BY / até (indica limite de tempo)

- *I hope to finish this report **by** noon.*
  Eu espero terminar este relatório até o meio-dia.

- *He promised to send me the results **by** the first of September.*
  Ele prometeu me enviar os resultados até o dia primeiro de setembro.

Prepositions/Preposições

WITHIN / dentro, em

- *The doctor will arrive **within** half an hour.*
  O médico chegará dentro de meia hora.

- *We are going to have everything done **within** the required time.*
  Nós vamos ter tudo pronto no tempo exigido.

BEFORE / antes

- *I have to take the children to school **before** going to work.*
  Eu tenho de levar as crianças à escola antes de ir para o trabalho.

- *They never open the ticket window **before** 7.*
  Eles nunca abrem a bilheteria antes das sete.

AFTER / depois

- *She'll be home a little **after** five.*
  Ela estará em casa um pouquinho depois das cinco.

- *I'll have time to help you **after** lunch.*
  Eu terei tempo de ajudá-lo depois do almoço.

FOR / por (às vezes dispensa tradução)

- *Tina was in Canada **for** the month of January.*
  Tina esteve no Canadá por um mês, em janeiro.

- *They lived in Europe **for** twelve years.*
  Eles moraram na Europa doze anos.

DURING / em, durante

- *Tina was in Canada **during** January.*
  Tina esteve no Canadá em janeiro.

- *I hope to see you **during** the summer.*
  Eu espero vê-la durante o verão.

- *She's always at work **during** the day.*
  Ela está sempre no trabalho durante o dia.

COMPARE

a) Tina was in Canada **for** the month of January.
   (o mês inteiro)

b) Tina was in Canada **during** January.
   (não necessariamente o mês inteiro)

SINCE / desde (usada com o "**present**" e o "**past perfect**" para indicar início de período)

- *They have lived here **since** 1986.*
  Eles moram aqui desde 1986.

- *I've been studying Italian **since** last year.*
  Eu estudo italiano desde o ano passado.

TILL, UNTIL / até (indica limite de tempo)

- *I waited for Paul and Mary **till** noon.*
  Eu esperei por Paul e Mary até o meio-dia.

- *They will be out of town **until** the end of summer.*
  Eles estarão fora da cidade até o fim do verão.

> **THROUGH, THROUGHOUT** / (corresponde a inteiro/a, todo/a)

- *She read **through** the book in one day.*
  Ela leu o livro inteiro num dia.

- *The firefighters worked **throughout** the night to put out the fire.*
  Os bombeiros trabalharam a noite toda para apagar o incêndio.

> **AROUND, ABOUT** / por volta de, cerca de

- *He may return **around** 8 o'clock.*
  Ele deve retornar por volta de oito horas.

- *She's **about** 55 years old.*
  Ela tem cerca de 55 anos de idade.

- *We waited for her **about** ten minutes.*
  Esperamos por ela cerca de dez minutos.

> **FROM ... TO** ou **TILL** / de ... a (indica período de tempo)

- *She studied in France **from** 1989 **to** 1993.*
  Ela estudou na França de 1989 a 1993.

- *I work hard **from** morning **till** night.*
  Eu trabalho duro de manhã à noite.

Manner, Instrument, Agent, and Means of Transportation
(Modo, Instrumento, Agente e Meios de Trasnsporte)

IN / a, de, com (indica material ou modo)

- *Margaret's portrait was painted in oil.*
  O retrato de Margaret foi pintado a óleo.

- *Please write the composition in ink.*
  Por favor, escrevam a redação à tinta.

- *Bob wants a shirt in cotton.*
  Bob quer uma camisa de algodão.

- *Mr. Lee was almost out of his mind. He lectured in anger.*
  O Sr. Lee estava quase fora de si. Ele discursou com raiva.

- *Dolores stared at them in sorrow.*
  Dolores os encarou com pesar.

WITH / com, a (indica modo ou instrumento)

- *I retired from my teaching activities with satisfaction.*
  Eu me aposentei de minhas atividades docentes com satisfação.

- *We'll help you with pleasure.*
  Nós os ajudaremos com prazer.

- *Please, don't write the composition with a pencil. Write with a pen.*
  Por favor, não escrevam a redação a lápis. Escrevam com caneta.

Prepositions/Preposições

- *I usually shave **with** an electric razor.*
  Eu normalmente faço a barba com um barbeador elétrico.

- *He opened the door **with** a screwdriver.*
  Ele abriu a porta com uma chave de fenda.

> **BY** / a, por (indica modo ou agente da passiva)

- *She washes her clothes **by** hand.*
  Ela lava suas roupas à mão.

- *They embroider everything **by** machine.*
  Eles bordam tudo à máquina.

- *Those Italian boots were made **by** hand.*
  Aquelas botas italianas foram feitas à mão.

- <u>*Romeo and Juliet*</u> *is a tragic play written **by** Shakespeare.*
  <u>Romeu e Julieta</u> é uma peça trágica escrita por Shakespeare.

- *Brazil was discovered **by** the Portuguese.*
  O Brasil foi descoberto pelos portugueses.

- *The cat was run over **by** a bus.*
  O gato foi atropelado por um ônibus.

BY / de (indica meio da transporte)

- He goes to work by
  - car.
  - bus.
  - subway.
  - tram (or streetcar).
  - bicycle.
  - motorcycle.

Ele vai para o trabalho de
  - carro.
  - ônibus.
  - metrô.
  - bonde.
  - bicicleta.
  - moto.

- They intend to travel by
  - plane.
  - boat.
  - ship.
  - train.
  - truck.

Eles pretendem viajar de
  - avião.
  - barco
  - navio.
  - trem.
  - caminhão.

Prepositions/Preposições

BY / por, via, por via, de

- *I'll send the news by telegram.*
  Eu enviarei as notícias por telegrama.

- *Please send me the papers by messenger.*
  Por favor, mande-me os documentos via mensageiro.

- *Every Christmas I send a gift to my friend Marisa by airmail.*
  Todo Natal eu mando um presente para minha amiga Marisa por via aérea.

- *Tell the errand boy to send this package by regular mail.*
  Diga ao mensageiro para enviar este volume por postagem comum.

- *I'd rather travel by air because it's faster.*
  Eu preferiria viajar de avião porque é mais rápido.

OBSERVAÇÃO

Usa-se a preposição **ON** quando o meio de transporte é um animal.

- *Sometimes he comes here on horseback.*
  Às vezes ele vem aqui a cavalo.

- *The crowd was dispersed by policemen on horseback.*
  A multidão foi dispersa por policiais a cavalo.

A preposição **ON** é também usada na expressão **on foot** / a pé:

- *The children go to school on foot.*
  As crianças vão à escola a pé.

- *We came back from the movies on foot.*
  Nós voltamos do cinema a pé.

LIKE / como (indica comparação)

- *She has got a memory like a sieve.*
  Ela tem uma memória de galinha.

- *He swims like a fish.*
  Ele nada como um peixe.

- *Tom was furious. He reacted like a ton of bricks.*
  Tom estava furioso. Ele reagiu como um terremoto.

ON, OVER / em

- *I talked with my mother on / over the telephone yesterday.*
  Eu falei com minha mãe ao telefone, ontem

- *We always see the news on / over television.*
  Nós sempre assistimos ao jornal na televisão.

- *I enjoy listening to music on /over the radio.*
  Eu gosto de ouvir música no rádio.

Observe que em algumas situações, usa-se a preposição **by** (por):

- *I tried to get in touch with you by telephone, but I didn't succeed.*
  Tentei entrar em contato com você por telefone, mas não consegui.

- *Nowadays news are sent throughout the world by television.*
  Atualmente as notícias são enviadas para todos os cantos do mundo pela televisão.

- *The news of the civil war in Rwanda was received in other nations by radio.*
  A notícia da guerra civil de Ruanda foi recebida em outras nações pelo rádio.

Measurement and Amount
(Medida e Quantidade)

OF / de

- *He bought a gallon **of** white wine.*
  Ele comprou um garrafão de vinho branco.

- *She wants two bottles **of** milk.*
  Ela quer duas garrafas de leite.

- *Please give me a piece **of** cake.*
  Por favor, me dá um pedaço de bolo.

BY / por

- *In Brazil they sell vegetables and fruits **by** the kilo.*
  No Brasil, eles vendem legumes e frutas por quilo.

- *In England they sell oranges **by** the dozen.*
  Na Inglaterra, eles vendem laranjas por dúzia.

INTO / em,

- *Please split the pie **into** small slices.*
  Por favor, divida a torta em fatias pequenas.

- *He's going to divide the turkey **into** small pieces.*
  Ele vai dividir o peru em pedaços pequenos.

IN / em, a

- *They only sell their products **in** large quantities.*
  Eles vendem seus produtos somente em grandes quantidades.

- *We always buy wheat **in** bulk.*
  Nós sempre compramos trigo a granel.

Some Other Prepositions
(Algumas Outras Preposições)

FOR / para (indica propósito)

- *Take an aspirine **for** your headache.*
  Tome uma aspirina para a sua dor de cabeça.

- *She organized a beautiful party **for** the poor.*
  Ela organizou uma linda festa para os pobres.

DESPITE / apesar de (indica circunstância ou situação)

- *They are going to play soccer **despite** the rain.*
  Eles vão jogar futebol, apesar da chuva.

- *The children came to school today **despite** the heavy snow.*
  As crianças vieram à escola hoje, apesar da neve forte.

IN / em (com línguas)

- *I always speak to him **in** Italian.*
  Eu sempre falo com ele em italiano.

- *The play was originally written **in** English.*
  A peça foi originalmente escrita em inglês.

AT / por, a (com preço)

- *Those sweaters are on sale **at** ten dollars.*
  Aqueles suéteres estão em liquidação por dez dólares.

- *I can't afford to buy the car **at** this price.*
  Eu não disponho de recursos para comprar o carro a esse preço.

AFTER / depois (como causa e conseqüência)

- ***After** that silly fight, she won't come back here.*
  Depois daquela briga idiota, ela não voltará mais aqui.

- ***After** all that, they're leaving the town.*
  Depois de tudo aquilo, eles estão deixando a cidade.

WITH / com, de (indica companhia ou característica)

- *We travelled to Asia **with** Kim.*
  Nós viajamos para a Ásia com Kim.

- *Mother stayed home **with** the maid.*
  A mamãe ficou em casa com a empregada.

- *The man **with** blue eyes is my father.*
  O homem de olhos azuis é meu pai.

- *The woman **with** kinky hair works **with** me.*
  A mulher de cabelo pixaim trabalha comigo.

WITHOUT / sem

- *I went to the beach **without** Helen.*
  Eu fui à praia sem Helen.

- *They want coffee **without** sugar.*
  Eles querem café sem açúcar.

> **IN ORDER TO** / para, a fim de (indica propósito)

- *You have to hurry **in order to** arrive there on time.*
  Você precisa se apressar para chegar lá a tempo.

- ***In order to** save water, please don't water the garden every day.*
  A fim de economizar água, por favor, não regue o jardim todo dia.

> **ACCORDING TO** / de acordo com, conforme (indica fonte de informação)

- ***According to** the weather report, it may rain this weekend.*
  De acordo com a previsão da meteorologia, pode chover neste fim de semana.

- ***According to** the latest census, Brazil has more than 150 million inhabitants.*
  Conforme o último censo realizado, o Brasil tem mais de 150 milhões de habitantes.

> **UNLIKE** / ao contrário de, diferente (indica o oposto de)

- ***Unlike** her sister, she has a sense of humor.*
  Ao contrário de sua irmã, ela tem senso de humor.

- *The movie is **unlike** the novel.*
  O filme é diferente do romance.

Verbs and Prepositions
(Verbos e Preposições)

ADD TO / acrescentar a

- *I'm going to **add** this miniature car **to** my collection.*
  Eu vou acrescentar esta miniatura de carro à minha coleção.

AGREE ON / chegar a uma decisão; concordar com os pontos básicos, sem divergências sérias

- *The two ministers finally **agreed on** the main points of the treaty.*
  Os dois ministros finalmente concordaram a respeito dos pontos principais do tratado.

AGREE TO / concordar com algo ou em fazer algo

- *She had **agreed to** let us use her house while she was abroad.*
  Ela havia concordado em nos deixar usar sua casa enquanto estivesse no exterior.

AGREE WITH / concordar com alguém; coincidir com

- *He always **agrees with** his father in order to please him.*
  Ele sempre concorda com o pai, a fim de agradá-lo.

- *Your story **agrees with** hers in everything.*
  A sua história coincide com a dela em tudo.

APPROVE OF / aprovar

- *They don't **approve of** my plans to go to Europe.*
  Eles não aprovam meus planos de ir para a Europa.

BLAME FOR / culpar; censurar por

- *It's not fair to **blame** her **for** the accident.*
  Não é justo culpá-la pelo acidente.

BELIEVE IN / acreditar em

- *She still **believes in** ghosts.*
  Ela ainda acredita em fantasmas.

BELONG IN / fazer parte de

- *This silver coin **belongs in** my collection.*
  Esta moeda de prata faz parte da minha coleção.

BELONG TO / pertencer a

- *That purse on the floor **belongs to** Mary.*
  Aquela bolsa no chão pertence a Mary.

CARE FOR / interessar-se por, importar-se com

- *He doesn't **care for** power or money.*
  Ele não se interessa por poder ou dinheiro.

COMPARE TO / comparar semelhança

- *The blue of her eyes can be **compared to** the blue of violets.*
  O azul dos olhos dela pode ser comparado ao azul das violetas.

COMPARE WITH / comparar semelhanças e diferenças

- *The police will **compare** the fingerprints on the gun **with** those on the door.*
  A polícia comparará as impressões digitais do revólver com aquelas da porta.

COMPLAIN ABOUT / reclamar de, queixar-se de

- *Joan is never happy. She **complains about** everything.*
  Joan nunca está contente. Ela reclama de tudo.

CONGRATULATE ON / cumprimentar por algo

- *We **congratulate** you **on** your success.*
  Nós o cumprimentos pelo seu sucesso.

CONSIST OF / consistir em

- *Happiness **consists of** love, peace, health and some little money.*
  A felicidade consiste em amor, paz, saúde e um pouquinho de dinheiro.

CORRESPOND TO / corresponder a

- *Tony's results **correspond to** mine.*
  Os resultados de Tony correspondem aos meus.

CORRESPOND WITH / corresponder com

- *His words do not **correspond with** his actions.*
  Seu discurso não corresponde com suas ações.

DECIDE ON / decidir

- *We have **decided on** a talk with the sales director.*
  Nós decidimos ter uma conversa com o diretor de vendas.

DECIDE IN / decidir em (= fazer um julgamento)

- *The judge **decided in** favor of the plaintiff.*
  O juiz decidiu em favor do queixoso.

DEAL IN/WITH / lidar com, tratar de

- *Science **deals in** real facts only.*
  A ciência lida somente com fatos reais.

DEALS IN/WITH / trabalhar com, negociar com

- *My mother **deals in** antiques.*
  Minha mãe trabalha com antigüidades.

Prepositions/Preposições

- *Mr. Holden used to **deal with** imported cars.*
  O Sr. Holden costumava negociar com carros importados.

DEAL WITH / lidar com (= tratar)

- *The police **dealt** roughly **with** the people in the demonstration.*
  A polícia lidou de maneira rude com as pessoas da passeata.

DIE OF / morrer de uma doença; morrer no sentido figurado

- *She **died of** lung cancer.*
  Ela morreu de câncer no pulmão.

- *We almost **died of** boredom in that place.*
  Nós quase morremos de tédio naquele lugar.

DIE FROM / morrer em conseqüência de um ferimento

- *He **died from** a serious wound on his neck.*
  Ele morreu de um ferimento sério no pescoço.

DIE FOR / morrer por (= desejar ardentemente)

- *I'm **dying for** a double whiskey on the rocks.*
  Estou louco por um uísque duplo com gelo.

EXCUSE FOR / desculpar por

- *I excuse you **for** being rude.*
  Eu o desculpo por ter sido rude.

EXPLAIN TO / explicar a

- We'll **explain** the situation **to** the boss in details.
  Explicaremos a situação ao chefe com detalhes.

FIGHT FOR / lutar por, brigar por

- He always **fights for** his rights.
  Ele sempre luta pelos seus direitos.

HEAR FROM/OF/ABOUT / receber informação ou notícias de

- Have you **heard from** Peter lately?
  Você teve notícias de Peter ultimamente?

HEAR OUT / ouvir até o fim (= analisar a situação)

- Please **hear** me **out** before making any decision.
  Por favor, ouça tudo o que eu tenho a dizer antes de tomar qualquer decisão.

INTRODUCE FOR / introduzir para

- They **introduced** a new material **for** producing that product.
  Eles introduziram um novo material para produzir aquele produto.

INTRODUCE TO / apresentar (alguém) a

- *We're going to **introduce** Francis **to** the guests.*
  Nós vamos apresentar Francis aos convidados.

LAUGH AT / rir de

- *I think it's rude to **laugh at** people.*
  Eu considero rudeza rir das pessoas.

LISTEN TO / ouvir

- *I really enjoy **listening to** his stories.*
  Eu realmente aprecio ouvir suas estórias.

LOOK AT / olhar para

- *Don't **look at** her like that!*
  Não olhe para ela desse jeito!

MEDICATE WITH / medicar com

- *The shaman is going to **medicate** him **with** herbs.*
  O xamã vai medicá-lo com ervas.

MENTION TO / mencionar a

- *Please don't **mention** the incident **to** my husband.*
  Por favor, não mencione o incidente ao meu marido.

OBJECT TO / fazer objeção a

- *They **object to** Dr. Ford's new theory.*
  Eles fazem objeção à nova teoria do Dr. Ford.

PAY FOR / pagar por

- *He'll have to **pay for** his debts.*
  Ele terá que pagar pelos seus débitos.

PREFER TO / preferir a

- *They **prefer** tea **to** coffee.*
  Eles preferem chá a café.

REACT TO / reagir a

- *The chimpanzee did not **react to** the visual stimuli.*
  O chimpanzé não reagiu aos estímulos visuais.

REACT AGAINST / reagir contra

- *She **reacted against** her parents' strict discipline.*
  Ela reagiu contra a disciplina rígida de seus pais.

REFER TO / referir-se a

- *They **referred** mainly **to** the financial situation of our company.*
  Eles referiram-se especialmente à situação financeira da nossa empresa.

Prepositions/Preposições

RELY ON / confiar em

- *I'm sure they will **rely on** the evidences.*
  Tenho certeza de que eles confiarão nas provas.

RESPOND TO / responder a

- *Dr. Novak said that Sandra will **respond to** treatment soon.*
  O Dr. Novak disse que Sandra responderá ao tratamento logo.

RETURN TO / retornar a

- *They will **return to** Spain in December.*
  Eles retornarão à Espanha em dezembro.

SEARCH FOR / procurar por

- *They are still **searching for** survivors of the plane crash.*
  Eles ainda estão procurando por sobreviventes do acidente do avião.

STARE AT / encarar, olhar atentamente em

- *He **stared at** us for a long time.*
  Ele nos encarou por um longo tempo.

TALK ABOUT / conversar sobre

- *Peter and I **talked about** our travel plans.*
  Peter e eu conversamos sobre os nossos planos de viagem.

TALK TO / falar com

- *I'd like to **talk to** Mary, please.*
  Eu gostaria de falar com Mary, por favor.

TALK IN / comunicar-se em

- *He only **talks in** sign language.*
  Ele só se comunica na linguagem de sinais.

THANK FOR / agradecer por

- *Sharon **thanked** us **for** the flowers.*
  Sharon nos agradeceu pelas flores.

THINK ABOUT / achar de (no sentido de refletir ou analisar)

- *What do you **think about** our political situation?*
  O que você acha da nossa situação política?

WORK FOR / trabalhar para

- *Tim **works for** a multinational company.*
  Tim trabalha para uma empresa multinacional.

XIII - Conjunctions
(Conjunções)

A conjunção é uma palavra que liga orações ou termos de uma oração.

Para classificarmos as conjunções, precisamos considerar os dois processos básicos de construção da frase: a coordenação e a subordinação.

Coordination
(Coordenação)

Na coordenação, a conjunção liga termos ou orações independentes entre si. Observe os seguintes exemplos:

- *Cathy is wealthy **and** beautiful.*
  Cathy é rica e bonita.

Termos coordenados, já que **wealthy** e **beautiful** independem um do outro.

- *He locked the door **and** left for work immediately.*
  Ele trancou a porta e saiu para o trabalho imediatamente.

Orações coordenadas, pois ambas expressam ações independentes: **he locked the door** e **he left for work immediately**.

Em inglês, as orações coordenadas são ligadas por meio de conjunções coordenativas ou de advérbios que têm força conjuntiva (**conjunctive adverbs**).

Coordinate Conjunctions
(Conjunções Coordenativas)

As principais conjunções coordenativas são:

and, but, or, nor, for, so

Elas se dividem de acordo com a idéia que expressam:

a) Adição – **AND**: e

- *The bus stopped, **and** the passangers started getting off in a hurry.*
  O ônibus parou e os passageiros começaram a descer apressadamente.

b) Contraste, oposição – **BUT**: mas, porém

- *I waved to him, **but** he didn't see me.*
  Acenei para ele, mas ele não me viu.

c) Alternativa, escolha – **OR**: ou
   NOR: nem

- *Is Sue coming with us, **or** is she staying overnight?*
  Sue vem conosco ou vai passar a noite aqui?

- *I can't help her, **nor** can my sisters.*
  Não posso ajudá-la, nem minhas irmãs podem.

Conjunctions/Conjunções

> **NOTA**
>
> Depois de **nor**, o verbo vem obrigatoriamente antes do sujeito.

d) Razão, causa – **FOR**: pois, visto que

- *Vera went to bed early, **for** she was very tired.*
  Vera foi para cama cedo, pois estava muito cansada.

e) Resultado, conseqüência – **SO**: por isso, portanto

- *The restaurants were all closed, **so** we had to eat a sandwich at home.*
  Os restaurantes estavam todos fechados, por isso tivemos que comer um sanduíche em casa.

> **NOTA**
>
> Quando uma conjunção coordenativa liga duas orações, ela é geralmente precedida por uma vírgula. No entanto, em frases curtas, quando o sujeito das duas orações é o mesmo, a vírgula é freqüentemente omitida.
>
> - *She opened the door **and** entered the house silently.*
>   Ela abriu a porta e entrou em casa silenciosamente.
>
> - *They said they would come **but** they didn't.*
>   Eles disseram que viriam mas não vieram.

Conjunções Correlativas

Algumas vezes, as conjunções coordenativas são usadas em pares. Elas constituem o que se denomina <u>conjunções correlativas</u>:

either ... or	ou ... ou
neither ... nor	nem ... nem
not only ... but also	não só ... mas também
both ... and	tanto ... quanto/como

- *You can **either** stay, **or** leave. I don't care.*
  Você pode tanto ficar como ir embora. Não me importo.

- ***Neither** his wallet **nor** his credit card were found.*
  Nem sua carteira nem seu cartão de crédito foram encontrados.

- *He **not only** behaved badly, **but also** answered the teacher roughly.*
  Ele não só se comportou mal, mas também respondeu à professora de modo grosseiro.

- ***Both** the boy **and** his mother were rescued.*
  Tanto o menino quanto sua mãe foram salvos.

Conjunctive Adverbs
(Advérbios com Força Conjuntiva)

Em inglês, duas idéias podem também ser ligadas por advérbios que têm força conjuntiva. São os chamados **"conjunctive adverbs"**. Diferentemente do que ocorre com as conjunções que ligam palavras ou orações, os **"conjunctive adverbs"** ligam apenas orações ou períodos.

Os **"conjunctive adverbs"** diferem também das conjunções quanto à sua localização na frase. Enquanto as conjunções aparecem sempre entre os elementos que ligam, muitos **"conjunctive adverbs"** podem ocupar outras posições na frase. Observe os seguintes exemplos:

- *We went to the party;* ***however****, we didn't stay very long.*
  Fomos à festa. Contudo, não ficamos muito tempo.

- *We went to the party. We didn't stay very long,* ***however****.*
  Fomos à festa. Não ficamos muito tempo, contudo.

Os **"conjunctive adverbs"** se dividem em grupos, de acordo com a relação que estabelecem entre as orações:

a) Adição

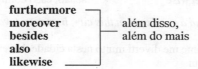

        furthermore
        moreover
        besides   além disso,
        also   além do mais
        likewise

Also pode ainda corresponder em português a <u>também</u> e **likewise** a <u>da</u> <u>mesma</u> <u>forma,</u> <u>igualmente</u>.

- *The house was very old; **furthermore**, it was much too big.*
  A casa era muito velha. Além disso, era grande demais.

- *Miami is a beutiful city; **moreover**, it has a good climate.*
  Miami é uma bela cidade; além disso, tem um bom clima.

- *Jane is pretty; **besides**, she is wealthy.*
  Jane é bonita; além do mais, é rica.

- *I read a short story last night; **also**, I watched a film on TV.*
  Li um conto ontem à noite; além disso, assisti a um filme na TV.

- *Close all the windows and lock the doors; **likewise**, set the burglar alarm.*
  Feche todas as janelas e tranque as portas; além disso, ligue o alarme contra ladrão.

b) Contraste

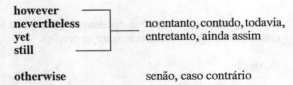

however	
nevertheless	no entanto, contudo, todavia,
yet	entretanto, ainda assim
still	

otherwise   senão, caso contrário

- *I really had a good time in this city; **however**, I wouldn't live here.*
  Eu realmente me diverti muito nesta cidade. No entanto, não viveria aqui.

Conjunctions/Conjunções

- *I won't be able to go to your party; **nevertheless**, thank you for inviting me.*
  Não poderei ir à sua festa. No entanto, obrigado por ter me convidado.

- *He's a very strange person; **yet**, everybody likes him.*
  Ele é uma pessoa muito estranha; contudo, todo mundo gosta dele.

- *She was almost certain she had lost her keys; **still**, she searched for them in her handbag.*
  Ela estava quase certa de que havia perdido suas chaves; ainda assim, procurou por elas na bolsa.

- *You'd better study harder; **otherwise**, you'll fail.*
  É melhor que você estude mais; caso contrário, ficará reprovado.

c) Realce, reforço

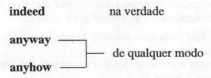

- *I'm not bored; **indeed**, I'm having a lot of fun.*
  Não estou aborrecido. Na verdade, estou me divertindo muito.

- *Maybe she's not home, but I'll go there **anyway** / **anyhow**.*
  Talvez ela não esteja em casa, mas vou lá de qualquer modo.

d) Causa e resultado

therefore	por isso, portanto
thus	assim sendo, assim
consequently	conseqüentemente
hence	daí, por isso

- *Unfortunately I overslept; **therefore**, I arrived late for the English class.*
  Infelizmente dormi demais. Por isso, cheguei tarde para a aula de inglês.

- *The trade unions and the government started negotiations; **thus**, the chances of a settlement increased.*
  Os sindicatos e o governo iniciaram negociações: assim, as chances de um acordo aumentaram.

- *There was no reason for him to stay in Brazil any more; **consequently**, he returned home.*
  Não havia mais nenhuma razão para ele ficar no Brasil; conseqüentemente, ele voltou para casa.

- *Our car had an engine trouble; **hence**, we had to stay there for the night.*
  Nosso carro teve um problema no motor. Por isso, tivemos que passar a noite lá.

NOTA

Consequently e **therefore** são mais usados em linguagem escrita do que oral e são mais freqüentes do que **thus** e **hence**.

Conjunctions/Conjunções

e) Tempo

afterward (s)	depois
then	então, depois
later (on)	mais tarde
meanwhile	enquanto isso

- *First we went shopping; **afterward (s)**, we went to the movies.*
  Primeiro fizemos compras; depois, fomos ao cinema.

- *They had lunch with us and **then** they left.*
  Eles almoçaram conosco e, então, foram embora.

- *Early in the morning I walked in the park. **Later (on)**, I went swimming.*
  De manhã cedo andei no parque. Mais tarde, fui nadar.

- *They went to the club in the morning. **Meanwhile**, I prepared lunch.*
  Eles foram ao clube de manhã. Enquanto isso, preparei o almoço.

"Conjunctive Adverbs" Compostos

Alguns **"conjunctive adverbs"** consistem em mais de uma palavra. Eles exercem, porém, as mesmas funções dos outros. Alguns deles são:

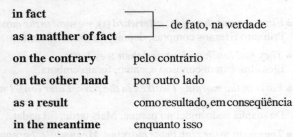

in fact	de fato, na verdade
as a matther of fact	
on the contrary	pelo contrário
on the other hand	por outro lado
as a result	como resultado, em conseqüência
in the meantime	enquanto isso

- *It's a good film. **In fact**, it's the best film I've seen lately.*
  É um bom filme. De fato, é o melhor filme que vi ultimamente.

- *He's not a quiet boy; **on the contrary**, he's very lively.*
  Ele não é um menino quieto; ao contrário, ele é muito animado.

- *He's not a hard worker. **On the other hand**, he doesn't require much from life.*
  Ele não é muito trabalhador. Por outro lado, ele não exige muito da vida.

- *The English test was rather difficult. **As a result**, he didn't finish it in time.*
  O teste de inglês foi bem difícil. Como conseqüência, ele não o terminou a tempo.

- *The train leaves in 15 minutes. **In the meantime**, let's have a cup of coffee.*
  O trem parte daqui a 15 minutos. Enquanto isso, vamos tomar uma xícara de café.

> **NOTA**
>
> Quando duas orações são ligadas por um **"conjunctive adverb"**, geralmente usa-se ponto-e-vírgula entre as orações e o **"conjunctive adverb"** é seguido de vírgula. No entanto, as duas orações podem também ser separadas por um ponto. Note a pontuação dos exemplos.

Subordination
(Subordinação)

Na subordinação a conjunção liga orações que se completam. Observe o exemplo:

- *We left home **when** the sun was rising.*
  Saímos de casa quando o sol estava nascendo.

Nesse exemplo, a conjunção **when** liga duas orações que não têm sentido separadamente. A primeira oração é a principal porque não depende sintaticamente da segunda. A segunda completa a primeira, ampliando seu sentido.

Subordinate Conjunctions
(Conjunções Subordinativas)

As conjunções subordinativas, com exceção de **that**, introduzem uma oração subordinada adverbial e exprimem uma circunstância de modo, finalidade, tempo, condição, causa etc. * Elas se dividem em grupos que indicam:

a) Causa, razão

because	porque
since	já que, desde que
as	como, visto que, já que

---

* As orações subordinadas podem também ser introduzidas por pronome relativos. Ver páginas 114 a 119.

Conjunctions/Conjunções

- *He went to bed early **because** he was very tired.*
  Ele foi dormir cedo porque estava muito cansado.

- ***Since** you can't help me, I'll ask your sister.*
  Já que você não pode me ajudar, vou pedir à sua irmã.

- ***As** it was a very sunny day, we decided to go to the beach.*
  Como estava um dia muito ensolarado, decidimos ir à praia.

b) Comparação

than	do que (usada na formação do comparativo de superioridade)
as	como, quando (usada na formação do comparativo de igualdade)

- *Aline is certainly more intelligent **than** her sisters.*
  Aline é certamente mais inteligente do que suas irmãs.

- *It was as difficult **as** I thought it would be.*
  Foi tão difícil quanto eu pensei que seria.

c) Condição

if	se
unless	a menos que

- ***If** I go to the supermarket today, I'll let you know.*
  Se eu for ao supermercado hoje, eu a avisarei.

- *I'm leaving now, **unless** you ask me to stay.*
  Vou embora agora, a menos que você me peça para ficar.

> **NOTA**
>
> A conjunção **whether** também indica uma condição, mas traz ainda implícita a idéia de uma alternativa. Observe o exemplo:
>
> • *I'll tell them the truth, **whether** you like it or not.*
>   Contarei a verdade a eles, caso você goste ou não.

d) Modo

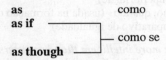

• *Her strawberry pie is delicious. She prepares it **as** my mother used to.*
A torta de morango dela é deliciosa. Ela a prepara como a minha mãe preparava.

• *She behaved **as if / though** she had a million dollars in the bank.*
Ele se comportava como se tivesse um milhão de dólares no banco.

e) Resultado, conseqüência

- *The little girl was so tired **that** she fell asleep at once.*
  A garotinha estava tão cansada que adormeceu imediatamente.

- *He made **such** a long speech **that** many people in the audience started to doze off.*
  Ele fez um discurso tão longo que muitas pessoas da platéia começaram a cochilar.

NOTA

Observe que **so** é usado antes de advérbios e de adjetivos que não vêm seguidos de substantivos. **Such** é usado antes de um adjetivo mais um substantivo.

f) Contraste, oposição

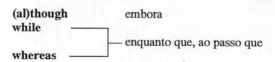

- **(Al)though** *I had never met him, I admired him for his bravery.*
  Embora eu nunca o tivesse encontrado, eu o admirava pela sua bravura.

- *I like painting **while** my brother prefers music.*
  Eu gosto de pintura enquanto que meu irmão prefere música.

- *Vivian moved to a big city, **whereas** her sister preferred to stay in the country.*
  Vivian se mudou para uma cidade grande, enquanto que sua irmã preferiu ficar no campo.

g) Finalidade, propósito

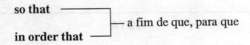

- *He put on a heavy overcoat **so that** he wouldn't feel cold.*
  Ele vestiu um sobretudo pesado a fim de não sentir frio.

- *They are leaving early **in order that** they may arrive in Rio by noon.*
  Eles vão partir cedo para que possam chegar ao Rio até o meio-dia.

Conjunctions/Conjunções

> **NOTA**
>
> Observe que, quando na oração principal o verbo estiver nos tempos **Present**, **Present Perfect** ou **Future**, na oração introduzida por **so that** ou **in order that** serão usados **will / can / may + Infinitive**.
>
> - *I* | *save*
>   *am saving*
>   *have saved*
>   *will save* | *some money so that I can study in England.*
>
> Eu | economizo
> estou economizando
> tenho economizado
> economizarei | algum dinheiro para que eu possa estudar na Inglaterra.
>
> Quando o verbo principal se referir ao passado, **would**, **could** ou **might** serão usados.
>
> - *He locked the door **in order that** the dog **would** not enter the house.*
>   Ele fechou a porta a fim de que o cachorro não entrasse na casa.

h) Temporais

when	quando
before	antes que

after	depois que
since	desde então
while	enquanto
until	até que
as soon as	logo que
whenever	sempre que

- *The little boy cried loudly **when** his mother beat him.*
  O garotinho berrou quando sua mãe lhe bateu.

- *The man refused to leave **before** the manager paid him.*
  O homem se recusou a sair antes que o gerente lhe pagasse.

- *He felt much better **after** the doctor gave him a tranquilizer.*
  Ele se sentiu muito melhor depois que o médico lhe deu um tranqüilizante.

- *I've been working for Air France **since** I was 18 years old.*
  Trabalho para a *Air France* desde que eu tinha 18 anos.

- *The car almost hit the old man **while** he was crossing the street.*
  O carro quase pegou o velho enquanto ele estava atravessando a rua.

- *Please, don't start lunch **until** I arrive.*
  Por favor, não comece a almoçar até que eu chegue.

- *Amelia started crying **as soon as** she saw her son waiting for her at the airport.*
  Amélia começou a chorar assim que viu seu filho esperando por ela no aeroporto.

- *Come and visit us **whenever** you wish.*
  Venha nos visitar sempre que desejar.

Conjunctions/Conjunções

i) Lugar

> **where**   onde
> **wherever**   onde quer que

- *They advised him to stay **where** he was.*
  Eles o aconselharam a ficar onde estava.

- *You will find beggars in this town **wherever** you go.*
  Você encontrará pedintes nesta cidade onde quer que você vá.

NOTAS

Quando a oração adverbial precede a oração principal, ela é geralmente seguida de vírgula.

- *If I had time, I'd go shopping today*
  Se eu tivesse tempo, faria compras hoje.

Uma oração adverbial que interrompe a oração principal é também separada por vírgulas:

- *Yesterday, **as I was going to school**, I saw a terrible accident.*
  Ontem, quando eu ia para a escola, vi um acidente terrível.

Quando a oração adverbial segue a oração principal, a vírgula geralmente não é usada.

- *She worked as a hairdresser **after she finished high school**.*
  Ela trabalhou como cabeleireira depois que terminou a escola secundária.

> No entanto, é possível o uso da vírgula, sempre que a oração adverbial introduz uma informação adicional. Isso geralmente ocorre com os conectivos **although, though, even though, whereas, while** (contraste).
>
> - *The manager finally signed the order, **although** he did so with a certain reluctance.*
>   O gerente finalmente assinou o pedido, embora o fizesse com uma certa relutância.

A Conjunção Integrante That

A conjunção integrante **that** introduz uma oração subordinada substantiva.

That difere das outras conjunções subordinativas porque não tem uma função gramatical na oração subordinada. Essa conjunção é geralmente omitida quando introduz uma oração substantiva que funciona como objeto direto da oração principal.

- *I think   (that) she's very happy here.*
  Oração   Oração subordinada = objeto direto
  principal

  Acho que ela é muito feliz aqui.

- *She told him   (that) she wanted to stay there.*
  Oração   Oração subordinada = objeto direto
  principal

  Ela lhe disse que queria ficar lá.

Conjunctions/Conjunções

A conjunção **that** não pode ser omitida quando introduz uma oração que funciona ou como sujeito ou como complemento predicativo da oração principal.

- ***That** he's completely irresponsible*   *is a well-known fact.*
  Oração subordinada = sujeito   Oração principal

  Que ele é completamente irresponsável é um fato evidente.

- *His opinion was*   ***that** we should leave at once.*
  Oração   Oração subordinada=complemento
  principal   predicativo

  Sua opinião era que devíamos partir imediatamente.

XIV - Interjections
(Interjeições)

A interjeição é um som, uma palavra ou um grupo de palavras que exprimem uma emoção, um sentimento. A interjeição geralmente inicia a frase, mas não tem com ela nenhuma relação gramatical. Observe que o significado de cada interjeição depende do contexto no qual ela é usada e da entoação empregada. Às vezes, a mesma interjeição expressa sentimentos diversos.

Algumas das interjeições mais comuns são:

1. **Ah** — satisfação, alegria, alívio
2. **Aha** — surpresa, satisfação, descoberta
3. **Darn** — impaciência, raiva, desapontamento (eufemismo de damn)
4. **Gee** — surpresa, entusiasmo, medo (eufemismo de Jesus)
5. **Gosh** — surpresa (eufemismo de God)
6. **Good gracious!**
   Good heavens!
   Goodness (me)!
   My goodness! — surpresa, desagrado
7. **Hey** — surpresa, alegria, chamamento, aviso
8. **Oh** — surpresa, medo, dor
9. **Ooh** — prazer, dor, desagrado
10. **Ouch / Ow** — dor, desconforto
11. **Ugh** — desgosto, aversão
12. **Wow** — desgosto, admiração
13. **Yippee** — alegria, prazer

Na escrita, as interjeições são geralmente separadas do resto da frase por uma vírgula. No entanto, quando expressam um sentimento mais forte, é comum o uso do ponto de exclamação.

1. **Ah**, *that's wonderful.*
   Ah, é maravilhoso.

2. **Aha**, *I found you.*
   Oba, achei você.

3. **Oh, darn!** *This typewriter keeps breaking down.*
   Oh, droga! Esta máquina de escrever está sempre quebrando.

4. **Gee**, *that's terrific!*
   Nossa, isso é muito bom (é bárbaro)!

5. **Gosh**, *I'm sorry. Could I bring it tomorrow?*
   Meu Deus, sinto muito. Posso trazê-lo amanhã?

6. **Good gracious**, *it's raining cats and dogs.*
   Nossa, está chovendo canivete.

   My goodness! *Will you please stop talking?*
   Meu Deus! Você quer parar de falar?

7. **Hey**, *you're stepping on my foot.*
   Ei, você está pisando o meu pé.

8. **Oh**, *it's you!*
   Oh, é você!

Interjections/Interjeições

9. ***Ooh!*** *The water is too cold.*
   Ui! A água está fria demais.

10. ***Ouch!*** *That hurt.*
    Ai! Doeu.

11. *"Chew some garlic and you'll soon get well rapidly."*
    *"Garlic? **Ugh!**"*
    "Mastigue um pouco de alho e logo você vai ficar bom."
    "Alho? Que horror!"

12. ***Wow!*** *Did you see that shooting star?*
    Puxa! Você viu aquela estrela cadente?

13. ***Yippee,*** *this is perfect!*
    Viva, isto é perfeito!

B - APPENDIX
(APÊNDICE)

I - Some Spelling Rules
(Algumas Regras Ortográficas)

Substantivos e Verbos + -s / -es

O sufixo -s é acrescentado a substantivos, para formar o plural, e a verbos no presente, para formar a 3ª pessoa do singular (he, she, it).

Substantivos	Verbos
book - books	look - looks
table - tables	live - lives
chair - chairs	eat - eats

Quando o substantivo ou verbo termina em **s, z, sh, ch, x** e também em **o** precedido de consoante, acrescenta-se **-es** à forma simples.

Substantivos	Verbos
gas - gases	miss - misses
topaz - topazes	buzz - buzzes
dish - dishes	wish - wishes
church - churches	catch - catches
box - boxes	mix - mixes
hero - heroes	do - does
tomato - tomatoes	go - goes

mas:
>piano - pianos
>ego   - egos
>radio - radios

A maioria dos substantivos terminados em **f** muda o **f** em **v** e acrescenta **-es**.

>leaf - lea**ves**
>thief - thie**ves**
>wolf - wol**ves**

mas:
>chief - chiefs
>roof   - roofs
>belief - beliefs
>safe   - safes

Palavras Terminadas em y

Em palavras que terminam em **y** precedido de consoante, quer sejam substantivos, adjetivos ou verbos, muda-se o **y** em **i** antes do acréscimo de um sufixo, com exceção do sufixo **-ing**.

A seguir, alguns exemplos de palavras terminadas em consoante + **y**, com acréscimo de diferentes sufixos:

1. Sufixo **-es** do plural dos substantivos e da 3ª pessoa do singular dos verbos

Spelling Rules/Regras Ortográficas

Substantivos	Verbos
party - parties	study - studies
baby - babies	try - tries
library - libraries	hurry - hurries

2. Sufixo -ed do passado dos verbos regulares

study - studied
try - tried
hurry - hurried

3. Sufixos -er e -est (grau comparativo de superioridade e superlativo dos adjetivos)

heavy - heavier, heaviest
easy - easier, easiest
happy - happier, happiest

4. Sufixo -ly dos advérbios

heavy - heavily
easy - easily
happy - happily

NOTA

Quando o y é precedido de vogal, ele se mantém.

Substantivos		Verbos	
boy	- boys	enjoy	- enjoys
key	- keys	play	- plays
attorney	- attorneys	stay	- stays

Adjetivos		Advérbios	
gay	- gayer	gay	- gayly
grey	- greyer	grey	- greyly

mas:

    say - said
    lay - laid   (verbos irregulares)
    pay - paid

e

    day - daily   (adjetivo e advérbio)

Spelling Rules/Regras Ortográficas

Repetição de Consoantes

Nas palavras de uma só sílaba, que terminam em uma consoante precedida de uma vogal (b<u>eg</u>, st<u>op</u>, b<u>ig</u>, h<u>ot</u>), dobra-se a consoante antes do acréscimo dos sufixos **-ed, -ing, -er, -est**.

- drop - dropping, dropped
- stop - stopping, stopped
- plan - planning, planned
- run - running
- hit - hitting
- big - bigger, biggest
- thin - thinner, thinnest
- slim - slimmer, slimmest

Quando o verbo tem mais de uma sílaba e termina em uma consoante precedida de uma vogal, a consoante será dobrada quando a sílaba final é acentuada.

- om<u>it</u> - omitting, omitted
- oc<u>cur</u> - occurring, occurred
- pre<u>fer</u> - preferring, preferred

NOTA

Em inglês britânico, com palavras de mais de uma sílaba que terminam em **l**, precedido de uma vogal, dobra-se o **l**, mesmo que a acentuação não caia na última sílaba.

- <u>tra</u>vel - travelling, travelled
- <u>can</u>cel - cancelling, cancelled

A consoante final não é dobrada, portanto, quando:

1. a palavra termina em duas consoantes:

    help - helping, helped
    work - working, worked
    start - starting, started
    thick - thicker, thickest
    fast - faster, fastest

2. a consoante final é precedida de duas vogais:

    need - needing, needed
    look - looking, looked
    cheap - cheaper, cheapest
    loud - louder, loudest

II - Capitalization
(Uso de Maiúsculas)

Usa-se letra **maiúscula** em inglês nos seguintes casos:

1. Em palavras que iniciam:

a) um período, uma oração

- *The next morning she set off for the beach. Her husband waited and waited for her, but she didn't come back.*
  Na manhã seguinte ela saiu para a praia. Seu marido esperou e esperou por ela, mas ela não voltou.

b) uma citação

- *"Do you see that guy over there with the blue cap?" he asked. She nodded and said, " Who's he?"*
  "Você está vendo aquele cara lá com o boné azul?" ele perguntou.
  Ela balançou a cabeça afirmativamente e disse: "Quem é ele?"

c) um verso

- *A wind came up out of the sea,*
  And said, " O mists, make room for me."
  Longfellow
  Ergueu-se o vento sobre o mar de espumas
  E disse: – "Abri Caminho, densas brumas."

2. Em nomes próprios de pessoas e nos títulos que os precedem.

Paul, Angela, Professor Baker, Doctor Novak

3. Em nomes de cidades, estados, países, regiões geográficas, mares, montanhas etc.

San Francisco, California, England, the Pampas, Atlantic Ocean, Rocky Mountains etc.

4. Em nomes de prédios e monumentos famosos, ruas, avenidas, auto-estradas, parques, pontes etc.

Rockfeller Center, The Colosseum, Main Street, Fifth Avenue, Lincoln Highway, Hyde Park, Brooklin Bridge etc.

5. Em nomes de línguas e de adjetivos que indicam nacionalidade:

French, Italian, Portuguese, Chinese etc.

- *They speak French and Portuguese.*
  Eles falam francês e português.
- *The German boy speaks Italian very well.*
  O rapaz alemão fala italiano muito bem.

6. Em nomes de cursos, exceto os de língua, somente quando o título oficial é usado.

- *I'm taking Chemistry 3 this semester.*
  Estou fazendo Química 3 neste semestre.

Capitalization/Uso de Maiúsculas 315

- *I'm taking a literature course.*
  Estou fazendo um curso de literatura.

7. Em nomes de religiões, de divindades, de livros sagrados e de documentos importantes.

> *Buddhism, Brahma, God, the Bible, the Koran,*
> *Declaration of Independence*

8. Em abreviações e siglas.

> *U.S.A. (United States of America)*
> *G.B. (Great Britain)*
> *NATO (North Atlantic Treaty Organization)*
> *UN (United Nations)*

9. Nos dias da semana, meses e feriados.

> *Monday, Thursday*
> *October, December*
> *Christmas Day, Holy Week*

NOTA

Os nomes das estações do ano são escritos com letra minúscula:

> *spring, summer, autumn (fall), winter*

10. Em títulos de livros, revistas, jornais, artigos, poemas, trabalhos de arte etc.

Livro:	*Writing English*
Revista:	*"Time"*
Jornal:	*"The Daily Post"*
Artigo:	*"Poetry Today"*
Poema:	*Frost's "The Death of the Hired Man"*
Trabalho de arte:	*Da Vinci's "Mona Lisa"*

11. No pronome de 1ª pessoa singular **I** (eu)

- *Ted and **I** are planning to take a trip to Cuba.*
  Ted e eu estamos planejando fazer uma viagem a Cuba.

III - Punctuation
(Pontuação)

O principal objetivo da pontuação é ajudar o leitor a seguir com mais clareza as idéias apresentadas em um texto. Embora a pontuação seja em grande parte uma questão de estilo, há certos princípios que podem funcionar como um guia.

Uso dos Principais Sinais de Pontuação em Inglês

1. Period (.) / Ponto

a) O ponto é usado no final de uma frase afirmativa ou negativa.

- *Bob is having a very good time in São Paulo.*
  Bob está se divertindo muito em São Paulo.

- *I've never been abroad.*
  Nunca estive no exterior.

Quando o ponto tem como objetivo concluir o texto, ele é denominado **full stop** (ponto final).

b) O ponto é também usado depois da maioria das abreviações.

Mister: Mr.   Et cetera: etc.
Doctor: Dr.   Street: St.
February: Feb.
Washington, Disctrict of Columbia: Washington, D.C.

> **NOTA**
>
> As abreviações **Mr**. e **Mrs**. também ocorrem sem ponto.

2. Question Mark (?) / Ponto de Interrogação

O ponto de interrogação é colocado no fim de toda pergunta direta:

- *Where do you live?*
  Onde você mora?
- *How old are you?*
  Quantos anos você tem?

3. Exclamation Point (!) / Ponto de Exclamação

Usa-se o ponto de exclamação em inglês depois de expressões e orações que exprimem uma forte emoção ou sentimento.

- *Fire!*
  Incêndio!
- *Watch out!*
  Cuidado!
- *What a wonderful day!*
  Que dia maravilhoso!

4. Comma (,) / Vírgula

A vírgula é usada:

a) para separar orações coordenadas ligadas pelas conjunções **and, but, or, for** etc., a menos que as orações sejam muito curtas e tenham o mesmo sujeito (ver página 281).

- *Leonor moved to New York, but her sister stayed in Texas.*
  Leonor se mudou para Nova Iorque, mas sua irmã ficou no Texas.

- *Eileen went to the doctor, for she was not feeling well.*
  Eileen foi ao médico, pois não estava se sentindo bem.

b) entre palavras, em uma série.

- *She bought carrots, lettuce, a pineapple, and a dozen eggs.*
  Ela comprou cenoura, alface, um abacaxi e uma dúzia de ovos.

- *Would you care for some wine, beer or a soft-drink?*
  Você aceitaria vinho, cerveja ou um refrigerante?

c) depois de vocativos.

- *Peter, where are the children?*
  Peter, onde estão as crianças?

- *Ladies and gentleman, this is a special occasion for me.*
  Senhoras e senhores, esta é uma ocasião especial para mim.

d) para separar apostos.

- *Walt Whitman, **an American poet**, wrote Leaves of Grass.*
  Walt Whitman, um poeta americano, escreveu *Leaves of Grass*.

- *Sarah, my cousin, studies in the U.S.A.*
  Sarah, minha prima, estuda nos Estados Unidos.

e) para separar orações subordinadas adjetivas explicativas (**non-restrictive relative clauses** - ver página 118)

- *Julio, who is an excellent student, got an A in the final exam.*
  Júlio, que é um aluno excelente, tirou A na prova final.

- *I met Joseph, who was in Japan last year.*
  Encontrei Joseph, que esteve no Japão no ano passado.

f) para separar, na maioria das vezes, orações adverbiais que iniciam período (ver página 297)

- *While her husband was reading the newspaper, Celia prepared dinner.*
  Enquanto seu marido estava lendo o jornal, Célia preparou o jantar.

- *After he had finished dinner, he called Ann up.*
  Depois que havia jantado, ele telefonou para Ann.

g) para separar expressões como **I think, I believe, by the way, in fact**, quando interrompem o curso do pensamento.

- *This play, I believe, is one of the best in town.*
  Esta peça, eu acredito, é uma das melhores da cidade.

- *He has, by the way, a very important position in the government.*
  Ele tem, a propósito, uma posição muito importante no governo.

h) depois do verbo que introduz uma citação.

- *He said, "I'm leaving at once."*
  Ele disse: "Vou embora agora."

- *My aunt asked, "Why don't you come with us?"*
  Minha tia perguntou: "Por que você não vem conosco?"

i) para separar expressões como **furthermore, moreover, on the contrary, however** etc. do resto da oração na qual ocorrem (ver página 289)

- *Pat is not stingy; **on the contrary**, she's very generous.*
  Pat não é mesquinha; ao contrário, é muito generosa.

- *We're extremely tired. **Nevertheless**, we'll go there.*
  Estamos muito cansados. Não obstante, iremos lá.

j) com expressões como **namely** (a saber), **that is** (isto é), **for example** (por exemplo) e as expressões latinas **viz.** (*videlicet* = a saber), **i.e.** (*id est* = isto é), e **e.g.** (*exempli gratia* = por exemplo)

- *You must eat vegetables, **for example**, carrot, cucumber, cauliflower, lettuce etc.*
  Você deve comer vegetais, por exemplo, cenoura, pepino, couve-flor, alface etc.

- *She's speaking French the way she did before, **that is**, very badly.*
  Ela está falando francês do mesmo modo que antes, isto é, muito mal.

> **NOTA**
>
> As expressões latinas mencionadas aparecem geralmente em textos escritos formais. Elas são lidas do seguinte modo: **viz. = namely**, **i.e. = that is**, **e.g. = for example**.

k) para separar o dia do mês e o ano, em datas.

- *He was born on July 8, 1964.*
  Ele nasceu no dia 8 de julho de 1964.

- *She graduated on December 22, 1988.*
  Ela se formou no dia 22 de dezembro de 1988.

l) para separar os nomes da cidade e do estado ou do estado e do país.

- *My cousin was born in Austin, Texas, in 1972.*
  Meu primo nasceu em Austin, Texas, em 1972.

- *They lived in Bahia, Brazil, from 1987 to 1992.*
  Eles moraram na Bahia, Brasil, de 1987 a 1992.

m) depois de saudações, em cartas informais.

    Dear Mother,   *Dear Ted,*
    Querida mãe,   Querido Ted,

n) Depois de cumprimento final em cartas.

    Sincerely yours,   *Love,*
    Atenciosamente,   Com amor,

5. Semicolon (;) / Ponto-e-vírgula

a) usa-se o ponto-e-vírgula para unir duas orações que se relacionam e que não são ligadas por nenhum conectivo.

- *Jack doesn't live in a boarding-house; he has his own apartment.*
  Jack não mora em uma pensão; ele tem seu próprio apartamento.

- *Camilla is a teacher; her brother is a dentist.*
  Camilla é professora; seu irmão é dentista.

b) usa-se geralmente um ponto-e-vírgula antes dos **conjunctive adverbs**: **furthermore**, **moreover**, **besides**, **therefore**, **however** etc (ver página 289).

- *The weather was terrible; **therefore**, the flight was postponed until the next day.*
  O tempo estava terrível; por isso, o vôo foi adiado para o dia seguinte.

- *The candidate was very popular; **however**, he didn't win the election.*
  O candidato era muito popular; no entanto, não ganhou a eleição.

6. Colon (:) / Dois-Pontos

Os dois-pontos são usados:

a) para introduzir uma enumeração ou um esclarecimento.

- *Emily always takes a lot of clothes with her when she travels: shorts, T-shirts, pants, dresses, mini-skirts.*
  Emily sempre leva muita roupa quando viaja: shorts, camisetas, calças, vestidos, minissaias.

- *They looted the supermarket for one reason only: they were starving.*
  Eles saquearam o supermercado por uma razão apenas: estavam morrendo de fome.

b) depois da saudação, em cartas comerciais:

- *Dear Mr. Baker:*
  Prezado Sr. Baker,

- *Gentlemen:*
  Senhores,

- *Dear Sir:*
  Prezado Senhor,

c) entre as horas e os minutos quando expressos por algarismos:

- *I'll meet you at 10:00.*
  Encontrarei você às 10:00.

- *It's 12:00 now.*
  São 12:00 agora.

d) para introduzir citações longas.

7. Quotation Marks (" ") ou (' ') / Aspas

As aspas são usadas:

a) para isolar citações

- *"I'm very disappointed", she said.*
  "Estou muito desapontada", ela disse.

- *She asked,"Where are they now?"*
  Ela perguntou: "Onde eles estão agora?"

b) para indicar títulos de poemas, composições musicais, capítulos de livros, artigos.

- *She recited "The Road not Taken" by Robert Frost.*
  Ela declamou "The Road not Taken" de Robert Frost.

- *You should read the chapter "Organization of the Composition".*
  Você deveria ler o capítulo "Organização da Redação".

c) para destacar palavras estrangeiras, termos técnicos, palavras com significados especiais, gírias etc.

- *What do you mean by "wunderbar"?*
  O que você quer dizer com "wunderbar"?

- *He said she was completely "nuts".*
  Ele disse que ela era completamente "pirada".

> **NOTA**
>
> Usam-se aspas simples para marcar uma citação que ocorre dentro de outra citação.
>
> - *The young girl said, "My mother used to tell me 'My dear, you have to prepare yourself for life'."*
>   A jovem disse: "Minha mãe costumava me dizer, 'Minha querida, você tem que se preparar para a vida'."

8. Apostrophe (') / Apóstrofo

a) o apóstrofo é usado nas formas contraídas para indicar a omissão de uma letra.

- *They aren't at home now. (are not)*
  Eles não estão em casa agora.

- *He doesn't speak any foreign language. (does not)*
  Ele não fala nenhuma língua estrangeira.

b) O apóstrofo é usado para indicar posse. Quando a palavra tem duas ou mais sílabas e termina em **s** ou quando está no plural, não se acrescenta outro **s**.

- *Harry's farm.*
  A fazenda de Harry.

- *The girls' dolls.*
  As bonecas das meninas.

- *Hercules' Columns.*
  As colunas de Hércules.

mas:

- *The children's toys.* (plural irregular)
  Os brinquedos das crianças.

9. Parentheses ( ) / Parênteses

Os parênteses são geralmente usados para isolar observações, comentários, explicações que interrompem a seqüência do enunciado.

- *If we have time (and I hope we have), we'll go to the theater.*
  Se tivermos tempo (e espero que tenhamos), iremos ao teatro.

- *The diagram (Figure 2) illustrates the incidence of AIDS among teenagers.*
  O diagrama (Figura 2) ilustra a incidência da AIDS entre adolescentes.

10. Bracktes [ ] / Colchetes

Os colchetes são usados para isolar comentários, explicações, observações feitos dentro de um texto por outra pessoa que não o autor.

- *"They [the children] did not have the necessary protection."*
  "Elas [as crianças] não tinham a proteção necessária."

11. Dash (–) / Travessão

O travessão é usado para indicar uma interrupção maior do que aquela expressa por uma vírgula. O travessão é geralmente usado quando é necessário indicar uma ênfase especial.

- *"If only you listened to me – Oh, never mind. Perhaps some other time."*
  "Se ao menos você me ouvisse – oh, não tem importância. Talvez em outro momento."

- *"There was just one thing I could say – nonsense!"*
  "Havia só uma coisa que eu podia dizer – bobagem!"

12. Ellipses (...) / Reticências

As reticências indicam uma interrupção ou um enunciado não concluído.

- *"For me ... that is ... if people could only ... ". She stammered and burst into tears.*
  "Para mim .. isto é ... se as pessoas pudessem apenas ..." ela gaguejou e caiu em prantos.

IV - NUMBERS
(Números)

Cardinal Numbers
(Números Cardinais)

Os números cardinais respondem a pergunta **"How Many"** e indicam quantidade absoluta. Os numerais de 13 a 19 são formados com o sufixo **-teen** e as dezenas simples de 20 a 90, com o sufixo **-ty**. Observe que, no quadro a seguir, os números em negrito não seguem exatamente o padrão regular.

0	zero, nought, nothing, nill	25	twenty-five
1	one	26	twenty-six
2	two	27	twenty-seven
3	three	28	twenty-eight
4	four	29	twenty-nine
5	five	30	**thirty**
6	six	40	**forty**
7	seven	50	**fifty**
8	eight	60	sixty
9	nine	70	seventy
10	ten	80	**eighty**
11	eleven	90	ninety
12	twelve	100	a hundred
13	**thirteen**	101	a hundred and one
14	fourteen	110	a hundred and ten
15	**fifteen**	120	a hundred and twenty
16	sixteen	200	two hundred
17	seventeen	1000	a thousand
18	**eighteen**	1001	a thousand and one
19	nineteen	1010	a thousand and ten
20	**twenty**	2000	two thousand
21	twenty-one	10,000	ten thousand
22	twenty-two	100,000	a hundred thousand
23	twenty-three	1,000,000	a million
24	twenty-four	2,000,000	two million
		1,000,000,000	a billion

Numbers/Números

NOTAS

1. O número 0 (zero) é lido ou falado de modos diferentes, de acordo com seu uso:

a) **zero** – em assuntos científicos, como, por exemplo, para indicar temperatura:

   $-5°C$ = *five degrees below **zero***
   cinco graus abaixo de zero.

b) **naught** (inglês americano) e **nought** (inglês britânico) – em matemática.

   0.2 = ***naught** point two*
   zero ponto dois

c) **nothing** ou **nil** – em escores de jogos como futebol, rúgbi, hóquei etc.

● *Our team won 3 - 0 (three (to) **nothing/nil**)*
   Nosso time ganhou de 3 x 0 (três a zero)

d) **0** – Usado em números de telefones e endereços (ver página 337)

2. Não se usa a conjunção **and** (e) antes da unidade nas dezenas compostas:

   25 – twenty-five
   48 – forty-eight
   62 – sixty-two
   91 – ninety-one

3. Com os números acima de 100 **and** é usado do seguinte modo:

a) antes do algarismo que indica a unidade.

    101 – one hundred **and** one
    407 – four hundred **and** seven

b) antes dos algarismos que indicam a dezena

    210 – two hundred **and** ten
    371 – three hundred **and** seventy-one
    5.234 – five thousand, two hundred **and** thirty-four
    542.722 – five hundred **and** forty-two thousand, seven hundred **and** twenty-two

4. Usa-se vírgula depois dos algarismos que indicam milhar (**thousand**), milhão (**million**) e bilhão (**billion**). Observe que em português usa-se ponto.

- *There were about 8,000 people at the parade.*
  Havia cerca de 8.000 pessoas no desfile.

- *That city has over 3,000,000 inhabitants.*
  Aquela cidade tem mais do que 3.000.000 de habitantes.

5. Nos numerais 100, 1,000, 1,000,000, o algarismo **1** pode ser lido como **one** ou **a**.

Numbers/Números

- *a / one hundred years*
  cem anos

- *a / one million dollars*
  um milhão de dólares

6. As palavras **hundred, thousand** e **million**, quando usadas na formação dos números, não vão para o plural.

- *Six hundred people.*
  Seiscentas pessoas.

- *Two thousand dollars.*
  Dois mil dólares.

No entanto, passam a ser usadas no plural quando indicam um número indefinido.

- *hundreds of people*
  centenas de pessoas

- *thousands of years*
  milhares de anos

7. Algumas vezes os numerais 20, 30, 40 etc. são usados no plural para denotar idade ou período de tempo aproximados:

- *She got married when she was in her **thirties**.*
  Ela se casou quando estava na casa dos trinta.

- *He moved to São Paulo in the **sixties**.*
  Ele se mudou para São Paulo nos anos sessenta.

Ordinal Numbers
(Números Ordinais)

Os números ordinais indicam ordem ou série. Eles são formados com o sufixo **-th**. São exceções **first** (primeiro), **second** (segundo), **third** (terceiro). Observe a ortografia dos números em negrito, no quadro abaixo:

1st	first	26th	twenty-sixth
2nd	second	27th	twenty-seventh
3rd	third	28th	twenty-eighth
4th	fourth	29th	twenty-ninth
5th	**fifth**	30th	**thirtieth**
6th	sixth	31st	thirty-first
7th	seventh	40th	**fortieth**
8th	**eighth**	41st	forty-first
9th	**ninth**	50th	**fiftieth**
10th	tenth	51st	fifty-first
11th	eleventh	60th	**sixtieth**
12th	**twelfth**	61st	sixty-first
13th	thirteenth	70th	**seventieth**
14th	fourteenth	71st	seventy-first
15th	fiteenth	80th	**eightieth**
16th	sixteenth	81st	eighty-first
17th	seventeenth	90th	**ninetieth**
18th	eighteenth	91st	ninety-first
19th	nineteenth	100th	hundredth
20th	**twentieth**	101st	hundred and first
21st	twenty-first	200th	two hundredth
22nd	twenty-second	1,000th	thousandth
23rd	twenty-third	1,000,000th	millionth
24th	twenty-fourth	1,000,000,000th	billionth

NOTAS

1. Os ordinais, como mostra a tabela anterior, podem ser escritos de modo abreviado. Usa-se o número seguido das duas últimas letras:

    2nd – segundo
    5th – quinto

2. A indicação do ordinal fica sempre no número simples.

23 –	23rd –	twenty-third
82 –	82nd –	eigty-second
100 –	100th –	one hundredth
103 –	103rd –	one hundred and third
1,000 –	1,000th –	one thousandth
1,010 –	1,010th –	one thousand and tenth

3. Nos números acima de 100, o uso da conjunção **and** segue as mesmas regras explicitadas para os cardinais.

    205th – two hundred **and** fifth
    440th – four hundred **and** fortieth

4. O artigo **the** normalmente precede o ordinal:

    the first rule   a primeira regra
    the tenth month   o décimo mês

Alguns Empregos dos Números

1. Datas

a) Os dias dos meses podem ser escritos com numerais cardinais ou ordinais.

- *He was born on 11 October. (inglês britânico)*
  October 11. (inglês americano)
  October 11th. (inglês americano)

Ele nasceu no dia 11 de outubro.

A leitura pode ser feita também de várias maneiras:
- on **the eleventh of October**
- on **October the eleventh** (inglês britânico)
- on **October eleventh** (inglês americano)
- on **October eleven** (inglês americano)

b) O ano é escrito com cardinais. Observe que não se usa a palavra **thousand** na leitura. Geralmente lê-se de dois em dois algarismos. A palavra **hundred** é freqüentemente omitida.

- 1989 – *nineteen hundred and eighty-nine*
  – *nineteen eighty-nine*

A palavra **hundred** é usada sempre que a data não inclui dezena:

- 1900 – *nineteen hundred*
- 1804 – *eighteen hundred and four*

Numbers/Números

2. Telefones

A maioria dos números de telefones é lida como uma série de cardinais. O número **0** (zero) é pronunciado como a letra **o**.

- *735-7520 – seven-three-five-seven-five-two-o*

Quando dois ou mais zeros vêm juntos, geralmente o número do telefone é lido da seguinte maneira:

- *735-7500 – seven-three-five-seven-five hundred*
- *735-7000 – seven-three-five-seven thousand*

Quando o mesmo dígito aparece duas vezes em seguida, usa-se a palavra **double** (duplo, dobrado) mais o número:

- *272-3374 – two-seven-two-double three-seven-four*

3. Endereços

Os números nos endereços são lidos geralmente como uma série de cardinais ou em dezenas. O zero também é pronunciado **o**.

    804 – *eight - 0 - four*
    314 – *three - one - four*
          three-fourteen

- *The supermarket is at 804 Baker Street.*
  (Observe o uso da preposição **at**)
  O supermercado é na rua Baker, número 804.

4. Horas

Há várias maneiras de responder em inglês a pergunta:
"What time is it?" (Que horas são?)

7:00   It's seven o'clock.
       It's seven.

7:10   It's seven ten.
       It's ten (minutes) past seven.
       It's ten (minutes) after seven. (inglês americano)

7:15   It's seven fifteen.
       It's a quarter past seven.
       It's a quarter after seven. (inglês americano)

7:30   It's seven thirty.
       It's half past seven.

7:45   It's seven forty-five.
       It's a quarter to eight.
       It's a quarter of eight. (inglês americano)

12:00 Midday (meio-dia)
       Noon
       Midnight (meia-noite)

Numbers/Números

NOTA

As abreviaturas **a.m.** ou **A.M.** e **p.m.** ou **P.M.** vêm do latim e são usadas para indicar as horas antes ou depois do meio-dia. **a.m.** ou **A.M.** significa **ante meridiem**, isto é, antes do meio-dia e **p.m.** ou **P.M.** significa **post meridiem**, ou seja, depois do meio-dia.

- *She arrived at 5:00 a.m.*
  Ela chegou às 5:00 da manhã.

- *The train leaves at 2:00 p.m.*
  O trem parte às 2:00 da tarde.

a.m. é, às vezes, substituído por **in the morning** (pela manhã) e **p.m.** por **in the afternoon** (à tarde) e **in the evening** (à noite).

- *My aerobics class begins at 7:00 in the morning.*
  Minha aula de aeróbica começa às 7:00 da manhã.

- *Please, call me up at 8:00 in the evening.*
  Por favor, telefone-me às 8:00 da noite.

V - The Two-Word Verb
(O verbo de "Duas Palavras")

O **two-word verb** consiste em um verbo seguido geralmente de uma preposição: **to look over**. Observe que temos o verbo **to look** (olhar) + a preposição **over** (por cima de, sobre etc.). Porém, juntos formarão uma unidade semântica diferente da soma dos significados do verbo + a preposição:

to look over = to examine (examinar).

Trata-se de uma nova realidade lingüística que pode, muitas vezes, ser susbstituída por um outro verbo que não seja um **two-word verb**:

- *The inspector is **looking** the entire place **over**.*
  *The inspector is **examining** the entire place.*

  O inspetor está examinando o lugar todo.

Observe que o verbo **to look over** é um verbo "separável", isto é, entre os seus componentes (**look** e **over**) temos o objeto direto.

Diante disso, devemos salientar que alguns **two-word verbs** são "separáveis" (o objeto é colocado entre as duas partes do verbo) e outros são "inseparáveis" (o objeto é colocado após o verbo). Observe os exemplos a seguir:

- *The sales director is going to **call** the meeting **off**.* (separável)
  O diretor de vendas vai cancelar a reunião.

- *The detectives will **look into** the crime soon.* (inseparável)
  Os detetives investigarão o crime brevemente.

Alguns verbos como **to call up** (telefonar), **to put on** (por, vestir), **to take off** (tirar, despir-se), **to turn on** (ligar, acender), **to turn off** (desligar, apagar) etc., podem ser "separáveis" ou "inseparáveis", sem mudança de significado:

- *He'll **call** Joan **up**.*
  *He'll **call up** Joan.*
  Ele telefonará para Joan.

- *Liza, **put** a heavy coat **on**. It's cold outside.*
  *Liza, **put on** a heavy coat. It's cold outside.*
  Liza, vista um casaco pesado. Está frio lá fora.

- *Please **take** your dress **off**.*
  *Please **take off** your dress.*
  Por favor, tire o vestido.

- *I'm going to **turn** the TV **on**.*
  *I'm going to **turn on** the TV.*
  Eu vou ligar a TV.

- *Please **turn** all the lights **off**.*
  *Please **turn off** all the lights.*
  Por favor, apague todas as luzes.

The Two-Word Verb/O Verbo de "Duas-Palavras"

OBSERVAÇÃO

Ao substituirmos o <u>nome</u> por um <u>pronome</u>, <u>o verbo torna-se obrigatoriamente separável</u>:

- *Please **turn** the radio **off**.*
  *Please **turn off** the radio.*
  Por favor, desligue o rádio.

- *Please **turn** it **off**. (it substitui **radio**)*
  Por favor, desligue-o.

- *I'll **call** Peter **up**.*
  *I'll **call up** Peter.*
  Eu telefonarei para Peter.

- *I'll **call** him **up**. (**him** substitui **Peter**)*
  Eu telefonarei para ele.

A - Separable Verbs
(Verbos Separáveis)

to blow up (to explode; to inflate)	– explodir; inflar
to bring about (to cause)	– causar
to bring on (to induce)	– induzir
to bring off (to accomplish successfully)	– realizar com sucesso
to bring up (to rear)	– criar, educar (filhos)
to call off (to cancel)	– cancelar
to call up (to telephone)	– telefonar
to carry on (to keep up; to continue)	– manter; continuar
to carry out (to obey)	– obedecer
to cut off (to amputate)	– amputar
to cut out (to eliminate)	– eliminar
to do over (to redo)	– refazer
to figure out (to calculate; to solve by using figures; to arrive at the explanation or solution)	– presumir; solucionar com o uso de figuras; chegar a uma explicação ou solução
to fill in/out (to complete a form or a questionnaire)	– preencher um formulário ou questionário
to fill up (to fill completely)	– encher completamente
to find out (to discover)	– descobrir
to give back (to return)	– devolver

The Two-Word Verb/O Verbo de "Duas-Palavras"

to give off (to emit rays, smoke) — emitir raios, fumaça
to give up (to surrender, to abandon) — render-se, abandonar, deixar de
to hand in (to deliver) — entregar
to hand out (to distribute) — distribuir
to leave out (to omit) — omitir
to let down (to disappoint) — desapontar
to look over (to examine) — examinar
to look up (to seek information) — buscar informação
to make up (to invent a story; to apply cosmetics to the face) — inventar estória; maquiar-se
to mix up (to mingle; to confuse) — associar-se; confundir
to pick out (to select) — selecionar
to pick up (to lift with the hands) — levantar com as mãos
to point out (to indicate) — indicar
to put away (to reserve for later use) — guardar para uso posterior
to throw away (to discard) — jogar fora
to try on (to put a garment on to test the fit and appearance) — experimentar roupa
to try out (to test) — testar
to turn down (to refuse an offer) — recusar uma oferta
to turn off (to stop an operation) — apagar; desligar
to turn on (to begin an operation) — acender; ligar
to wear out (to wear clothes, shoes, etc. until no longer fit for use) — usar (roupas, sapatos etc.) até o fim

B - Inseparable Verbs
(Verbos Inseparáveis)

to call for (to require)	– requerer, exigir
to call on (to visit)	– visitar
to care for (to tend, to guard)	– cuidar de; importar-se com
to come across (to find accidentally)	– achar por acaso
to count on (to trust)	– contar com, confiar em
to get after (to criticize)	– criticar
to get around (to avoid; to escape)	– evitar; escapar de
to get away (to escape)	– fugir, escapar
to get back (to return)	– voltar, retornar
to get in (to enter a place or a car)	– entrar num lugar ou carro
to get off (to leave a vehicle)	– descer de um veículo
to get on (to board or enter a vehicle)	– entrar num veículo
to get over (to recover from a disease)	– recuperar-se de uma doença
to get out (to leave)	– partir, ir embora
to get through (to finish)	– terminar
to get up (to rise)	– levantar-se
to go over (to review)	– revisar, rever
to hear from (to receive news from)	– receber notícias de
to hit on (to discover accidentally)	– descobrir por acaso

The Two-Word Verb/O Verbo de "Duas-Palavras"

to look after (to take care of) — cuidar de
to look for (to seek) — procurar
to look into (to investigate) — investigar
to look out (to be careful) — tomar cuidado
to look over (to examine) — examinar
to run across (to find or meet accidentally) — encontrar por acaso
to run off (to print or make copies of) — imprimir ou copiar
to run over (to drive over) — atropelar
to run out (to come to an end; to expire) — chegar ao fim; expirar
to show off (to be an exhibitionist) — exibir-se, aparecer
to take over (to take control of) — assumir o controle, a responsablidade ou a posse de algo

VI - Some Problematic Pairs
(Alguns Pares Problemáticos)

Nesta seção serão discutidos alguns pares de unidades lingüísticas, que pertencem às várias partes do discurso - substantivo, adjetivo, verbo, advérbio etc - e que, muitas vezes, são usados de forma inadequada. Serão indicadas as diferenças entre ambos, através do próprio contexto, ou de notas explicativas, bem como justificaremos seus usos.

1. **all ready / already**

- *They are **all ready** to leave the hotel.*
  Eles estão <u>todos</u> <u>prontos</u> para deixar o hotel.

- *They have **already** left the hotel.*
  Eles <u>já</u> deixaram o hotel.

Em **all ready** temos um pronome indefinido + um adjetivo; em **already** temos apenas um advérbio de tempo.

2. **among** (entre vários) / **between** (entre dois apenas)

- *Please divide the money **among** you three.*
  Por favor, dividam o dinheiro <u>entre</u> vocês três.

- *The English Channel lies **between** France and England.*
  O Canal da Mancha fica <u>entre</u> a França e a Inglaterra.

3. **amount** (quantidades incontáveis) / **number** (quantidades contáveis)

- *He drinks a large **amount** of coffee a day.*
  Ele bebe uma quantidade enorme de café por dia.

- *He has a large **number** of children.*
  Ele tem uma quantidade enorme de filhos.

4. **as / like**

- *Paul doesn't play the piano **as** you do.*
  Paul não toca piano como você toca.

- *Paul is **like** his father*
  Paul é igual ao pai.

Ambos indicam comparações. **As** é uma conjunção e introduz uma nova oração, enquanto que **like** é uma preposição seguida de um substantivo ou pronome.

- *She cooks well **as** my mother did.*
  Ele cozinha bem como minha mãe cozinhava.

- *Your son walks **like** you.*
  Seu filho anda como você.

5. **at the end / in the end**

- *I'll take a month vacation **at the end** of the year.*
  Eu tirarei um mês de férias no final do ano

- ***In the end** they came to visit us.*
  Até que enfim, eles vieram nos visitar.

Problematic Pairs/Pares Problemáticos

At the end indica lugar, ponto ou faz referência a tempo. É seguido de **of** + substantivo ou pronome:

- *There's a movie theather **at the end** of the street.*
  Há um cinema <u>no final</u> daquela rua.

- *You'll find an index **at the end** of the book.*
  Você encontrará um índice remissivo <u>no final</u> do livro.

In the end é uma locução adverbial correspondente a <u>até que enfim</u>, <u>finalmente</u>.

- ***In the end** they decided to sell their house.*
  <u>Finalmente</u>, eles decidiram vender a casa.

6. **beside** (ao lado) / **besides** (além de, além disso)

- *She always sits **beside** me in the English class.*
  Ela sempre se senta <u>ao</u> meu <u>lado</u> na aula de inglês.

- *She also studies German **besides** English and Italian.*
  Ela também estuda alemão, <u>além de</u> inglês e italiano.

7. **borrow** (tomar emprestado) / **lend** (emprestar)

- *I need to **borrow** ten dollars from Mary.*
  Eu preciso <u>tomar</u> dez dólares <u>emprestados</u> de Mary.

- *I need to **lend** ten dollars to Mary.*
  Eu preciso <u>emprestar</u> dez dólares a Maria.

8. cause / reason

- *They don't know what is the **cause** of the fire.*
  Eles não sabem qual é a causa do incêndio.

- *I'm sure she has a good **reason** for coming here.*
  Eu tenho certeza de que ela tem uma boa razão para vir aqui.

Cause está relacionado a algo que produziu alguma coisa ou algum efeito. **Reason** está relacionado a uma explicação ou justificativa.

9. Censer / Censor

- *She brought that silver **censer** from India.*
  Ela trouxe aquele porta-incenso da Índia.

- *He always acts like a **censor**.*
  Ele sempre age como um censor.

10. compare to (semelhança) / compare with (semelhanças e diferenças)

- *The green of his eyes is often **compared to** the green of emeralds.*
  O verde dos olhos dele é freqüentemente comparado ao verde das esmeraldas.

- *Let's **compare** this poem **with** that one by Shakespeare.*
  Vamos comparar este poema com aquele de Shakespeare.

Problematic Pairs/Pares Problemáticos

11. convince / persuade

- *Now they're all **convinced** of his innocence.*
  Agora estão todos <u>convencidos</u> de sua inocência.

- *We are going to **persuade** him to play on our team.*
  Nós vamos <u>persuadi</u>-lo a jogar no nosso time.

To convince é fazer alguém acreditar em algo, enquanto que **to persuade** é fazer alguém realizar algo.

12. client / patient

- *Peter's advertising agency doesn't have many **clients**.*
  A agência de publicidade de Peter não tem muitos <u>clientes</u>.

- *Dr. Morgan's clinic has a lot of **patients**.*
  A clínica do Dr. Morgan tem muitos <u>pacientes</u>.

(Apenas hospitais, clínicas e profissionais da saúde têm **patients**.)

13. customer / client

- *Our store has a lot of **customers** now.*
  Nossa loja tem muito <u>fregueses</u> (= clientes) agora.

- *Our bank has a lot of **clients** now.*
  Nosso banco tem muitos <u>clientes</u> agora.

Bares, restaurantes, lojas e prestadores de serviços manuais têm **customers**, enquanto que advogados, auditores, publicitários, bancos e prestadores de serviços não manuais têm **clients**.

14. desert/dessert

- *Various types of cactus grow on the **desert**.*
  Vários tipos de cactus crescem no deserto.

- *Apple pie is Tony's favorite **dessert**.*
  Torta de maçã é a sobremesa favorita de Tony.

15. discover / invent

- *Columbus **discovered** America in 1492.*
  Colombo descobriu a América em 1492.

- *Bell **invented** the telephone long time ago.*
  Bell inventou o telefone há muito tempo.

To discover é encontrar algo que já existia. **To invent** é criar algo que não existia.

16. earn / win

- *He **earns** 400 dollars a week.*
  Ele ganha 400 dólares por semana.

- *He certainly is going to **win** at cards.*
  Ele certamente vai ganhar no jogo de baralho.

To earn é ganhar ou perceber salário. **To win** é ganhar em competições, concursos ou jogos em geral.

Problematic Pairs/Pares Problemáticos 355

17. few / a few

- *Though the test was easy, **few** students had a good grade.*
  Embora a prova fosse fácil, <u>poucos</u> alunos tiveram um bom conceito.

- *Though the test was difficult, **a few** students had a good grade.*
  Embora a prova fosse difícil, <u>pelo</u> <u>menos</u> <u>alguns</u> alunos tiveram um bom conceito.

18. fiancé (masc.) / fiancée (fem.)

- *Sylvia is engaged to be married. Her **fiancé** is German.*
  Sylvia está noiva para se casar. O <u>noivo</u> dela é alemão.

- *Hermann is engaged to be married. His **fiancée** is Brazilian.*
  Hermann está noivo para se casar. A <u>noiva</u> dele é brasileira.

19. finger / toe

- *She hurt a **finger** of her left hand playing volleyball.*
  Ela machucou um <u>dedo</u> da <u>mão</u> esquerda jogando vôlei.

- *He hurt a **toe** of his right foot playing soccer.*
  Ele machucou um <u>dedo</u> do <u>pé</u> direito jogando futebol.

20. good (adj.)/ well (adv.)

- *Maria is a **good** student.*
  Maria é uma <u>boa</u> aluna.

- *I'm **well** now.*
  Eu estou <u>bem</u> agora.

21. habit / custom

- *Telling lies is a very bad **habit**.*
  Contar mentiras é um péssimo hábito.

- *The **custom** of trimming Christmas trees comes from Denmark.*
  O costume de enfeitar árvores de Natal vem da Dinamarca.

Habit é algo individual, enquanto que **custom** é socializado, pertence a um grupo ou povo.

22. human / humane

- *Do you think there is **human** life on other planets?*
  Você acha que há vida humana em outros planetas?

- *We all deserve a more **humane** and civilized society.*
  Todos nós merecemos uma sociedade mais humana e civilizada.

Human refere-se ao homem, ao gênero humano. **Humane** significa caracterizado por bondade ou benevolência. Ambos são adjetivos.

23. ingenious / ingenuous

- *Mark is a very **ingenious** person.*
  Mark é uma pessoa muito inventiva.

- *Mark is a very **ingenuous** person.*
  Mark é uma pessoa muito ingênua.

Problematic Pairs/Pares Problemáticos 357

24. leave / let

- *Did you **leave** your briefcase in the office?*
  Você <u>deixou</u> a sua pasta no escritório?

- *My father didn't **let** me go out yesterday.*
  Meu pai não me <u>deixou</u> sair ontem.

Leave significa deixar, abandonar. **Let** significa permitir, autorizar.

25. little / a little

- *She slept **little**.*
  Ela dormiu <u>pouco</u>.

- *She slept **a little**.*
  Ela dormiu <u>pelo</u> <u>menos</u> <u>um</u> <u>pouco</u>.

26. made of / made from

- *That sculpture is **made of** wood.*
  Aquela escultura é <u>feita</u> <u>de</u> madeira.

- *This cake is **made from** flour and corn meal.*
  Este bolo é <u>feito</u> <u>de</u> farinha e fubá.

Usa-se **made of** quando o material não se transforma e pode ser visto. Usa-se **made from** quando o material ou substância se transforma e não pode ser visto ou identificado.

27. make / do

- *I'm going to **make** some coffee.*
  Eu vou <u>fazer</u> café.

- *I'm going to **do** my homework*
  Vou <u>fazer</u> a lição de casa.

Normalmente usa-se **make** no sentido de produzir algo material, enquanto que **do** fica restrito à realização de algo não material ou intelectual.

28. moral / morale

- *The **moral** code must be respected.*
  O código <u>moral</u> deve ser respeitado.

- *The **morale** of the group was not affected by that silly incident.*
  O <u>moral</u> do grupo não foi afetado por aquele incidente bobo.

Moral significa <u>conduta</u> <u>ou</u> <u>padrão</u> <u>de</u> <u>comportamento</u>, enquanto que **morale** significa <u>confiança</u>, <u>otimismo</u> <u>ou</u> <u>domínio</u> <u>espiritual</u>.

29. raise / rise

- *If you have any doubt, **raise** your hand.*
  Se vocês tiverem alguma dúvida, <u>levantem</u> a mão.

- *They usually **rise** very early in the morning.*
  Eles geralmente <u>se</u> <u>levantam</u> de manhã bem cedo.

Problematic Pairs/Pares Problemáticos   359

To raise significa levantar, erguer; **to rise** é levantar-se, sair da cama.

30. refuse / deny

- *John **refused** to take the money.*
  John <u>recusou-se</u> a pegar o dinheiro.

- *John **denied** that he had taken the money,*
  John <u>negou</u> que tivesse pego o dinheiro.

31. remember / remind

- *I **remember** every single detail of that accident.*
  Eu <u>me</u> <u>lembro</u> de cada pequeno detalhe daquele acidente.

- *I'll **remind** you of the appointment with the cardiologist.*
  Eu te <u>lembrarei</u> da consulta com o cardiologista.

- *Your son **reminds** me of you at his age.*
  O seu filho me <u>lembra</u> você quando tinha a mesma idade dele.

To remember significa <u>ter</u> <u>em</u> <u>mente</u>, <u>lembrar</u>-<u>se</u> <u>espontaneamente</u>; **to remind** é <u>fazer</u> <u>alguém</u> <u>lembrar</u>-<u>se</u> de algo ou indica que alguma pessoa ou algum evento <u>nos</u> <u>lembra</u> ou <u>se</u> <u>parece</u> com alguém ou algo atual.

32. say / tell

- *He **said** that he can't come to work today.*
  Ele <u>disse</u> que não pode vir trabalhar hoje.

- *He **told** me that he would go to a doctor.*
  Ele me <u>disse</u> que iria ao médico.

Geralmente usa-se **to say** no sentido de <u>dizer</u> e **to tell** no sentido de <u>contar</u>.

- *Don't **say** that to your father!*
  Não <u>diga</u> isso ao seu pai!

- *Don't <u>tell</u> anything about the accident to your father.*
  Não conte nada a respeito do acidente ao seu pai.

To say é usado: (a) quando nos referimos a algo que uma outra pessoa disse e (b) quando reproduzimos literalmente as palavras de alguém:

- *She **said** that she has been very busy.*
  Ela <u>disse</u> quem tem estado muito ocupada.

- *"My name is John Barney. I live across the street," he **said**.*
  "Meu nome é John Barney. Eu moro do outro lado da rua", ele <u>disse</u>.

To tell é usado no discurso indireto, quando a oração apresenta um objeto indireto.

- *He **told** me the truth and then started crying.*
  Ele me <u>contou</u> a verdade e então começou a chorar.

33. scene / scenery

- *The **scene** was really beautiful.*
  A <u>cena</u> estava realmente linda.

- *The scenery was really beautiful.*
  O <u>cenário</u> estava realmente lindo.

34. seat / sit

- *The stewardess seated the passengers one by one.*
  A comissária <u>sentou</u> os passageiros um a um.

- *We always like to sit in the back of the bus.*
  Nós sempre gostamos de <u>nos</u> <u>sentar</u> no fundo do ônibus.

To seat (sentar) é um verbo transitivo e requer sempre um objeto direto; **to sit** (sentar-se) é um verbo intransitivo.

35. see / look

- *He often sees what you do to the children.*
  Ele normalmente <u>vê</u> o que você faz às crianças.

- *I don't see why you have to leave so soon.*
  Eu não <u>vejo</u> porque você tem que ir embora tão cedo.

- *He looks at me with curiosity.*
  Ele <u>olha</u> para mim com curiosidade.

To see é ver, perceber com os olhos ou com a mente; **to look** é olhar, dirigir os olhos, a fim de ver.

36. stay / remain

- *We stayed at a small hotel on Sullivan Street.*
  Nós <u>ficamos</u> num pequeno hotel na rua Sullivan.

- *Very few people **remained** at the party after we left.*
  Pouquíssimas pessoas permaneceram na festa depois que nós saímos.

To stay (ficar, permanecer) é usado para indicar que alguém ou algo está ou continua num lugar ou numa condição específicos.

To remain (ficar, restar, permanecer) é usado para indicar que após a saída, retirada ou destruição restou alguém ou algo.

37. steal / rob

- *Someone **stole** my wallet.*
  Alguém roubou minha carteira.

- *Some masked men **robbed** the bank on Clark Street this morning.*
  Alguns homens mascarados assaltaram o banco da rua Clark hoje de manhã.

To steal (roubar) é levar algo de alguém sem que se perceba, sem violência; **to rob** é assaltar uma casa, uma pessoa ou uma empresa, normalmente com violência.

38. story / history

- *She told me a very strange **story**.*
  Ela me contou uma estória muito estranha.

- *We are studying the **history** of the Greeks now.*
  Nós estamos estudando a história dos gregos agora.

Problematic Pairs/Pares Problemáticos 363

Story é uma sucesssão de eventos que pode ou não ser verdadeira; **history** é uma disciplina acadêmica, um registro sistemático de fatos do passado.

39. than / then

- *She would rather listen to music **than** study.*
  Ela preferiria ouvir música a estudar.

- *If the part is broken, **then** replace it.*
  Se a peça está quebrada, então substitua-a.

Than é uma conjunção utilizada para estabelecer comparação ou contraste; **then** é um advérbio de tempo.

40. to / till

- *We're going to walk **to** the lake.*
  Nós vamos caminhar até o lago.

- *We're going to stay here **till** Monday.*
  Nós vamos ficar aqui até segunda-feira.

To é usado para distâncias e pode ser substituído por **as far as**:

- *The children are going to run **as far as** the park.*
  As crianças vão correr até o parque.

Till é sempre usado para tempo.

- *They'll watch TV **till** 10 o'clock.*
  Eles assistirão à TV até às dez horas.

41. take place / take part

- *The convention will **take place** in May.*
  A convenção será realizada em maio.

- *We will **take part** into the convention.*
  Nós participaremos da convenção.

Take place significa acontecer, ocorrer; enquanto que **take part** significa participar, fazer parte de.

42. very / too

- *It's **very** hot in this room.*
  Está muito quente nesta sala.

- *It's **too** hot to play soccer now.*
  Está extremamente quente para se jogar futebol agora.

Very é um advérbio que intensifica um adjetivo ou outro advérbio; **too** é um advérbio que apresenta a idéia de exagero ou excesso.

43. to wait for / to wait on

- *Please **wait for** me at the subway station.*
  Por favor, espere por mim na estação do metrô.

- *I hate **waiting on** people.*
  Eu detesto esperar por pessoas. (que se atrasam)

To wait for é esperar dentro de um horário previsto; **to wait on** refere-se a um período além do previsto. Usa-se, também, **to wait on** quando nos referimos a serviços, isto é, pessoas que estão à disposição de outros ou quando aguardamos o desenrolar de algo:

Problematic Pairs/Pares Problemáticos

- *A waitress is a woman who **waits on** guests in a restaurant.*
  Uma garçonete é uma mulher que <u>fica à disposição</u> dos clientes, em um restaurante.

- *Our company will **wait on** your decisions.*
  Nossa empresa <u>esperará pelas</u> suas decisões.

44. who / whom

- *I met the woman **who** you said is involved in that robbery.*
  Eu encontrei a mulher <u>que</u> você disse que está envolvida naquele assalto.

- *She is a woman **whom** I know we can trust.*
  Ela é uma mulher <u>em quem</u> eu sei que podemos confiar.

Observe que **who** é sujeito (de **was**) e **whom** é objeto (de **we can trust**).

45. wounded / injured, hurt

- *Thousands of people were **wounded** in the war in Bosnia.*
  Milhares de pessoas foram <u>feridas</u> na guerra da Bósnia.

- *A lot of people were **injured / hurt** in that bus accident.*
  Muitas pessoas ficaram <u>feridas</u> naquele acidente de ônibus.

As pessoas são **wounded** numa guerra ou batalha e **injured** ou **hurt** em acidentes.

VII - Peculiarities of Language
(Peculiaridades da Linguagem)

Popular Comparisons
(Comparações Populares)

A comparação popular, também chamada de símile, é uma expressão que descreve uma pessoa ou coisa como sendo semelhante a alguém ou a alguma coisa. Há dois tipos de comparações: com <u>adjetivos</u> e com <u>verbos</u>.

1. Comparações com adjetivos

Nas comparações com adjetivos temos o seguinte padrão lingüístico:

as + ADJ + as

- *He's as <u>white</u> as a sheet.*
  Ele está branco como cera.

- *The antenna is as <u>steady</u> as a hummingbird.*
  A antena está firme como uma vara verde.

- *She's as <u>ugly</u> as sin.*
  Ela é feia como um demônio.

Observe que não apresentamos a tradução exata das comparações, mas buscamos expressões equivalentes em língua portuguesa.

Mencionamos, a seguir, as comparações mais comuns em inglês e seus correspondentes em português.

as brave as a lion	valente como um leão
as black as pitch	preto como carvão
as blind as a bat	cego como um morcego
as busy as a bee	ocupado como uma formiga
as calm as a millpond	sereno como um lago
as clear as cristal	claro como cristal
as cool as a cucumber	calmo como um monge
as cold as ice	frio como gelo
as deaf as a door-nail	surdo como uma porta
as deaf as a post	surdo como um poste
as deep as the ocean	fundo como o oceano
as drunk as a skunk	bêbado como um gambá
as dry as a bone	seco como farinha
as dry as dust	seco como o deserto
as flat as a pancake	chato como um ovo estrelado
as free as a bird	livre como um passarinho

Peculiarities/Peculiaridades

as **fresh** as a rose	fresco como uma rosa
as **happy** as a lark	feliz com uma cigarra
as **heavy** as lead	pesado como chumbo
as **high** as the sky	alto como as nuvens
as **hungry** as a wolf	faminto como um leão
as **light** as a feather	leve como uma pluma
as **mad** as a march hare	enfezado como um touro bravo
as **nervous** as a cat	arisco com um gato
as **old** as the hills	velho como Matusalém
as **soft** as a pillow	macio como algodão
as **strong** as an ox	forte como um touro
as **sweet** as sugar	doce como mel
as **thin** as a paper	magro como uma folha de papel
as **thin** as a rake	magro como um pau de virar tripa
as **true** as steel	verdadeiro como a bíblia
as **weak** as a kitten	fraco com um filhote de passarinho
as **white** as snow	branco como a neve

2. Comparações com verbos

Nas comparações com verbos, o elemento que estabelece a semelhança entre duas entidades é a preposição **like** / como:

- *She walks like an angel.*
  Ela anda como um anjo.

- *The little dog is shaking like a leaf.*
  O cachorrinho está tremendo como vara verde.

- *Tony eats like a horse.*
  Tony come como um leão.

Devemos salientar que, de um modo geral, as comparações são iguais em várias línguas, porém, às vezes, a tradução literal torna-se imprecisa, havendo necessidade de lançar mão de expressões equivalentes.

to **act like a spoiled child**
agir como uma criança mimada

to **behave like a princess** (or **prince**)
comportar-se como uma princesa (ou um príncipe)

to **cry like a little baby**
chorar como um bebezinho

to **drink like a fish**
beber como um gambá

to **eat like a pig**
comer como um porco

Peculiarities/Peculiaridades

to **fit** <u>like</u> **a glove**
assentar como uma luva

to **get a memory** <u>like</u> **a sieve**
ter uma memória de galinha

to **live** <u>like</u> **a fighting cock**
viver como um nababo

to **run** <u>like</u> **a hare**
correr como um coelho

to **react** <u>like</u> **a ton of bricks**
reagir como um terremoto

to **scream** <u>like</u> **a siren**
soar como uma sirena

to **sing** <u>like</u> **a bird**
cantar como um passarinho

to **sleep** <u>like</u> **a log**
dormir como uma pedra

to **smoke** <u>like</u> **a chimney**
fumar como uma chaminé

to **snore** <u>like</u> **a hog**
roncar como um porco

to **sound** <u>like</u> **a firecracker**
soar como uma bombinha

to **swim** _like_ a **fish**
nadar como um peixe

to **talk** _like_ a **parrot**
falar como um papagaio

to **walk** _like_ an **athlete**
caminhar como um atleta

to **walk** _like_ a **dancer**
andar como uma bailarina

to **walk** _like_ a **drake**
andar como uma pata choca

to **work** _like_ a **horse**
trabalhar como um cavalo

Common Proverbs and Sayings
(Provérbios e Ditos Populares)

Provérbios e ditos populares são expressões de caráter prático, comum em todas as línguas, que expressam, com imagens ricas e precisas, alusões ou lições de moral.

Procuramos compilar os provérvios e ditos mais comuns em língua inglesa e apresentamos as formas idênticas ou aproximadas em português.

Peculiarities/Peculiaridades

1. *A friend in need is a friend indeed.*
   É na ocasião que se conhece os amigos.

2. *A key of gold opens any door.*
   Uma chave de ouro abre qualquer porta.

3. *A word to the wise is sufficient.*
   Ao bom entendedor meia palavra basta.

4. *A bird in the hand is worth two in the bush.*
   É melhor um pássaro na mão do que dois voando.

5. *All that glitters is not gold.*
   Nem tudo que reluz é ouro.

6. *A married man is a tamed ass.*
   Um homem casado é um burro amansado.

7. *After battles come rewards.*
   Depois da luta, vem a recompensa.

8. *A little is better than none.*
   É melhor pouco do que nada.

9. *At night all cats are grey.*
   À noite todos os gatos são pardos.

10. *All is fish that comes to the net.*
    Tudo o que cai na rede é peixe.

11. *After a storm comes a calm.*
    Depois da tempestade, vem a bonança.

12. *All roads lead to Rome.*
    Todas as estradas levam a Roma.

13. *Among the blind the one-eyed man is king.*
    Em terra de cego quem tem um olho é rei.

14. *Better be poor than ignorant.*
    É melhor ser pobre que ignorante.

15. *Better late than never.*
    Antes tarde do que nunca.

16. *Barking dogs seldom bite.*
    Cão que ladra não morde.

17. *Better a living dog than a dead lion.*
    É melhor um covarde vivo do que um herói morto.

18. *Better lose the saddle than the horse.*
    Vão-se os anéis, mas fiquem os dedos.

19. *Birds of a feather flock together.*
    Diz-me com quem andas, eu te direi quem és.

20. *Charity begins at home.*
    A caridade começa em casa.

21. *Don't look a gift horse in the mouth.*
    Cavalo dado não se olham os dentes.

22. *Do not celebrate a triumph before victory.*
    Não celebre o triunfo antes da vitória.

23. *Do not count your chickens before they are hatched.*
    Não conte com o ovo no fiofó da galinha.

24. *Don't put the cart before the horse.*
    Não ponha o carro na frente dos bois.

25. *Don't make an elephant out of a fly.*
    Não faça um cavalo de batalha de algo tão simples.

26. *Don't judge a book by its cover.*
    Não julgue um livro pela sua capa.

27. *Dog does not eat dog.*
    Lobo não come lobo.

28. *Everyone has his own burden to bear.*
    Cada um tem seu fardo para carregar.

29. *Every beginning is difficult.*
    O começo é sempre difícil.

30. *Everybody's friend, nobody's friend.*
    Amigo de todos, amigo de ninguém.

31. *Every man knows where his shoe pinches.*
    Cada um sabe onde lhe aperta o sapato.

32. *Everybody for himself, and God for all.*
    Cada um por si e Deus por todos.

33. *Everybody pulls for his own side.*
    Cada um puxa a brasa para a sua sardinha.

34. *Easy come, easy go.*
Vem fácil, vai fácil.

35. *Experience is the best teacher.*
A vida é a melhor escola.

36. *First appearances are often deceiving.*
As aparências enganam.

37. *Flies do not enter a shut mouth.*
Em boca fechada não entra mosquito.

38. *Forbidden fruits are sweetest.*
A fruta proibida é mais gostosa.

39. *God gives candies to those who can not chew them.*
Deus dá nozes a quem não tem dentes.

40. *God helps the man who gets up early.*
Deus ajuda quem cedo madruga.

41. *Hell is full of good will.*
O inferno está cheio de boas intenções.

42. *He laughs best who laughs last.*
Ri por último quem ri melhor.

43. *Haste and quality do not go together.*
A pressa é inimiga da perfeição.

44. *He was born with a silver spoon in the mouth.*
Ele nasceu em berço de ouro.

Peculiarities/Peculiaridades

45. *He makes a storm in a tea cup.*
    Ele faz uma tempestade em copo d'água.

46. *It's useless to lock the stable door after the horse is stolen.*
    Não adianta pôr tranca depois que a casa foi roubada.

47. *If you can't beat them, join them.*
    Se você não pode vencê-los, junte-se a eles.

48. *I tell the story as it was told me.*
    Eu vendo o peixe como comprei.

49. *Love is blind.*
    O amor é cego.

50. *Love and smoke can not be hidden.*
    Paixão e fumaça não se encondem.

51. *Lies have short legs.*
    A mentira tem perna curta.

52. *Little by little the bird builds its nets.*
    De grão em grão, a galinha enche o papo.

53. *Misfortunes never come singly.*
    Desgraça pouca é bobagem.

54. *Man proposes, God disposes.*
    O homem propõe, Deus dispõe.

55. *Nothing travels as fast as scandal.*
    Nada se espalha mais rápido do que um escândalo.

56. *Never put off till tomorrow what you can do today.*
    Nunca deixe para amanhã o que você pode fazer hoje.

57. *Out of sight, out of mind.*
    Longe dos olhos, longe do coração.

58. *One does not play with fire.*
    Não se brinca com fogo.

59. *One swallow does not make a summer.*
    Uma andorinha só não faz verão.

60. *One should eat to live, not live to eat.*
    Deve-se comer para viver, não viver para comer.

61. *Once a drunkard always a drunkard.*
    Uma vez alcoólatra, sempre alcoólatra.

62. *Prevention is bettter than cure.*
    A prevenção é melhor do que a cura.

63. *Rome was not built in a day.*
    Roma não se fez num dia.

64. *Speech is silver, but silence is gold.*
    A palavra é prata, o silêncio é ouro.

65. *Scratch my back, I'll scratch yours.*
    Uma mão lava a outra.

66. *Three is a crowd.*
    Um é pouco, dois é bom, três é demais.

67. *To the scalded dog cold water seems hot.*
    Gato escaldado tem medo de água fria.

68. *The bigger they come, the harder they fall.*
    Quanto mais alto o coqueiro, maior é o tombo.

69. *To each his own.*
    Cada macaco no seu galho.

70. *The man who sleeps with dogs wakes up with fleas.*
    O homem que dorme com cachorro acorda com pulga.

71. *The devil is not as bad as he is painted.*
    O diabo não é tão feio como o pintam.

72. *Two heads are better than one.*
    Duas cabeças pensam melhor do que uma.

73. *To err is human, to forgive divine.*
    Errar é humano, perdoar é divino.

74. *To sell one's soul to the devil.*
    Vender a alma ao diabo.

75. *The pot calls the kettle black.*
    Ri-se o roto do rasgado.

76. *The mind is always deceived by the heart.*
    A razão é sempre enganada pela emoção.

77. *The wolf changes his fur, but not his nature.*
    O lobo muda de pele, mas não muda de ação.

78. *The walls have ears.*
    As paredes têm ouvidos.

79. *There is no ill that lasts forever, nor any boon that never ends.*
    Não há mal que sempre dure, nem bem que nunca se acabe.

80. *There is nothing new under the sun.*
    Nada de novo sob o sol.

81. *There is no victory without suffering.*
    Não há glória sem sacrifício.

82. *The opportunity makes the thief.*
    A ocasião faz o ladrão.

83. *There is no rose without its thorns.*
    Não há rosas sem espinhos.

84. *Time reveals everything.*
    O tempo tudo revela.

85. *Too much hurry spoils everything.*
    A pressa é inimiga da perfeição.

86. *The face is the mirror of the soul.*
    Os olhos são o espelho da alma.

87. *The last drop makes the cup run over.*
    A última gota faz transbordar a xícara.

88. *The first step is the hardest.*
    O mais difícil é o primeiro passo.

89. *Two wrongs don't make a right.*
    Um erro não justifica o outro.

Peculiarities/Peculiaridades

90. *There is no smoke without fire.*
    Não há fumaça sem fogo.

91. *Union is strenght.*
    A união faz a força.

92. *When the cat is away, the mice will play.*
    Quando está fora o gato, folga o rato.

93. *While there is life, there is hope.*
    Enquanto há vida, há esperança.

94. *Where there is smoke, there is fire.*
    Onde há fumaça, há fogo.

95. *Wash your dirty linen at home.*
    Roupa suja se lava em casa.

96. *You have to dance to the music.*
    Você deve dançar conforme a música.

97. *You can not get blood out of a turnip.*
    Não se tira leite das pedras.

98. *You can go to Rome by many roads.*
    Quem tem boca vai a Roma.

99. *You can't teach an old dog new tricks.*
    Cavalo velho não pega andadura.

100. *You are never too old to learn.*
    Nunca é tarde para aprender.

VIII - List of Irregular Verbs
(Lista de Verbos Irregulares)

Simple Form	Past	Past Participle	
bear	bore	born(e)	suportar; dar à luz; produzir
beat	beat	beaten	bater; vencer; rechaçar
begin	began	begun	começar, iniciar
bend	bent	bent	curvar, enclinar; desviar
bid	bade	bidden	ordenar; fazer oferta; dar lance em leilão
bind	bound	bound	amarrar; juntar; vincular
bite	bit	bitten	morder; ferroar
bleed	bled	bled	sangrar; sentir (angústia ou compaixão)
blow	blew	blown	soprar; assoar
break	broke	broken	quebrar; infringir
bring	brought	brought	trazer; levar
build	built	built	construir; estabelecer
burn	burnt	burnt	queimar; chamuscar
burst	burst	burst	romper; irromper; explodir
buy	bought	bought	comprar, adquirir; subornar
catch	caught	caught	apanhar, agarrar; prender; capturar
choose	chose	chosen	escolher, selecionar
come	came	come	vir, chegar; surgir
cost	cost	cost	custar; causar prejuízo
creep	crept	crept	engatinhar; arrastar-se
cut	cut	cut	cortar, partir; reduzir

deal	dealt	dealt	lidar; negociar
dig	dug	dug	cavar; cavucar
do	did	done	fazer; realizar; completar
draw	drew	drawn	desenhar; puxar; arrastar; sacar (arma)
dream	dreamt	dreamt	sonhar; imaginar
drink	drank	drunk	beber, tomar; absorver
drive	drove	driven	dirigir, guiar; impelir
dwell	dwelt	dwelt	habitar, morar; existir
eat	ate	eaten	comer; tomar (sorvete ou sopa)
fall	fell	fallen	cair; desmoronar
feed	fed	fed	alimentar; sustentar; suprir
feel	felt	felt	sentir; examinar (pelo tato); tocar
fight	fought	fought	brigar, lutar; combater
find	found	found	achar, encontrar; descobrir
flee	fled	fled	fugir, escapar; abandonar
fling	flung	flung	arremessar, lançar; mover-se com violência
fly	flew	flown	voar; fazer voar; fugir; escapar
forget	forgot	forgotten	esquecer; negligenciar (sem intenção)
freeze	froze	frozen	congelar; tornar-se coberto de gelo
get	got	got	conseguir; receber; comprar; ganhar
give	gave	given	dar; conceder
go	went	gone	ir; viajar; partir; mover-se
grind	ground	ground	moer; triturar; esmagar
grow	grew	grown	crescer; cultivar; criar
hang	hung	hung	pendurar; suspender; enforcar

hear	heard	heard	ouvir; ouvir falar; prestar atenção
hide	hid	hidden	esconder, ocultar; abrigar clandestinamente
hit	hit	hit	bater, golpear; atingir
hold	held	held	segurar; prender; deter
hurt	hurt	hurt	ferir, machucar; magoar
keep	kept	kept	manter, conservar, guardar
knell	knelt	knelt	ajoelhar-se; ficar de joelhos
know	knew	known	saber; conhecer; entender
lay	laid	laid	prostrar; derrubar; preparar (p/usar)
lead	led	led	impor; colocar (em posição horizontal), guiar, conduzir; levar a; impelir
leave	left	left	partir; ir embora; deixar
lend	lent	lent	emprestar; proporcionar
let	let	let	deixar; permitir; alugar
lie	lay	lain	deitar-se; reclinar-se; jazer; estender-se; ficar, estar situado
light	lit	lit	acender; iluminar
lose	lost	lost	perder; extraviar
make	made	made	fazer; produzir, fabricar
mean	meant	meant	significar; querer dizer; pretender
meet	met	met	encontrar, encontrar-se; conhecer
pay	paid	paid	pagar; recompensar; prestar (atenção)
put	put	put	pôr, colocar; enfiar
read	read	read	ler; decifrar; prever

ride	rode	ridden	cavalgar; andar (meio de transporte)
ring	rang	rung	tocar (sino, campainha), soar
rise	rose	risen	levantar; levantar-se; erguer-se
run	ran	run	correr; gerenciar (negócios)
say	said	said	dizer; expressar (opinião)
see	saw	seen	ver; assistir a
seek	sought	sought	procurar; buscar; tentar
sell	sold	sold	vender; convencer
send	sent	sent	enviar; mandar; despachar
set	set	set	estabelecer, determinar; pôr a mesa
sew	sewed	sewn	costurar; pregar (botão)
shake	shook	shaken	agitar; fazer tremer ou vibrar; apertar (a mão ao cumprimentar)
shed	shed	shed	soltar; deixar cair; derramar; verter (lágrimas ou sangue)
shine	shone	shone	brilhar, cintilar; irradiar
shoot	shot	shot	atirar, dar tiros; lançar, arremessar
show	showed	shown	mostrar, indicar, apresentar
shrink	shrank	shrunk	encolher; contrair; reduzir
shut	shut	shut	fechar; obstruir; encerrar (temporada)
sing	sang	sung	cantar; entoar; gorjear
sink	sank	sunk	afundar, submergir
sit	sat	sat	sentar-se; assentar
sleep	slept	slept	dormir; acomodar (para passar a noite)
smell	smelt	smelt	cheirar, farejar, sentir cheiro de

Irregular Verbs/Verbos Irregulares

sow	sowed	sown	semear; espalhar; propagar
speak	spoke	spoken	falar; dizer; expressar
spell	spelt	spelt	soletrar; grafar; enfeitiçar
spend	spent	spent	gastar; passar (o tempo)
spread	spread	spread	espalhar; expandir
spring	sprang	sprung	fazer explodir; fazer soltar
stand	stood	stood	pôr ou colocar de pé, fazer ficar de pé; tolerar, suportar
steal	stole	stolen	roubar, furtar; mover-se furtivamente
stick	stuck	stuck	cravar, fincar; enfiar
strike	struck	struck	bater, golpear; chocar-se com
strive	strove	striven	empenhar-se, esforçar-se
swear	swore	sworn	jurar; prometer; praguejar
sweep	swept	swept	varrer; vasculhar
swim	swam	swum	nadar; deslizar
swing	swung	swung	balançar; sacudir; abanar
take	took	taken	pegar, agarrar; capturar
teach	taught	taught	ensinar; dar instrução
tear	tore	torn	rasgar; despedaçar; dilacerar
tell	told	told	contar, narrar; dizer
think	thought	thought	pensar, achar; refletir
throw	threw	thrown	jogar, arremessar
thrust	thrust	thrust	empurrar; meter, enfiar
tread	trod	trodden	pisar; trilhar; esmagar com o pé
wake	woke	woken	acordar, despertar; animar
wear	wore	worn	usar, vestir; calçar
weep	wept	wept	lamentar; verter (lágrimas)
win	won	won	vencer, ganhar; conseguir
wind	wound	wound	enrolar; dar corda a relógio
write	wrote	written	escrever; grafar; redigir

IX - GENERAL INDEX / ÍNDICE GERAL

GENERAL INDEX / ÍNDICE GERAL

A
Abstract Nouns 17
Adjectives 57
   Agreement 57
   Degrees: 61
      Comparative Degree 62
      Superlative Degree 66
   Demonstrative 83
   Indefinite 85
   Interrogative 105
   Irregular Forms 69
      Comparative 69
      Superlative 69
   Order 59
   Patterns of Comparison 62
   Position 58
   Possessive 81
Adverbial Expressions 233
Adverbs: 213
   Conjunctive 283
   Comparison 221
      Degree of Equality 222
      Degree of Inferiority 223
      Degree of Superiority 221
      Irregular 225
   Formation 218
   Kinds 216
   Position 226
   Sequence 234
   Superlative 224
Articles: 39
   Definite 39
      General Uses 40
      Omissions 45
   Indefinite 50
      General Uses 52
      Omissions 55

C
Capitalization 313
Common Proverbs and Sayings 372
Comparative Forms 69
Comparison, patterns of 62
Concrete Nouns 15
Conjunctions: 279
   Coordinate 280
   Subordinate 290
Conjunctive Adverbs 283
Coordination 279

D
Degrees of the Adjectives 61
Demonstrative Adjectives 83
Demonstrative Pronouns 83

E
Emphatic Pronouns 74, 79

G
Gender of Nouns 18
Genitive Case 28
Gerund 203
   Uses 204

General Index/Índice Geral

I

Indefinite
  Adjectives and Pronouns 85
    All / Each / Every 94
    Any / Every / No / Some 99
    Any / Some 85
    Anybody / Anyone / Anything 99
    Both / Either / Neither 97
    Enough / Several 93
    Everybody / Everyone / Everything 99
    Few, a Few / Little, a Little 92
    Few / Little / Many / Much 90
    Nobody / No one / Nothing 99
    No / None 89
    Somebody / Someone / Something 99
  Article 50
    General Uses 52
  Pronouns
  With **of** Constructions 102
Interjections 301
Interrogative
  Adjectives 105
    What 108
      Other uses 111
    Which 108
    Whose 107
  Pronouns 105
    What, Which 108
    Who / Whom / Whose 106
Irregular Verbs 383

N

Nouns: 15
  Abstract 17
  As a Modifier 34
  Concrete 15
  Gender 18
  Plural 22
  Syntactic Functions 35
  The Genitive Case 28
    Uses 32
Numbers: 329
  Cardinal 329
  Ordinal 334

O

Object Pronouns 78
Of Constructions 102
  Indefinites 102
Omissions 45
  Definite Article 45
  Indefinite Article 50
Ordinal Numbers 334

P

Participles 208
  Past, uses of 211
  Present, uses of 209
Peculiarities of Language 367
  Personal pronouns 73
  Plural of Nouns 22
  Popular Comparisons 367
Possessive Adjectives 81
Possessive Pronouns 81
Prepositions and Prepositional Phrases 235
  Direction and Motion 247

About, Around, By, From 248
Across, Over, Up 249
At 251
Down 250
In, Into, Out of, To, Toward(s) 247
Manner, Instrument, Agent and Means of Transportation 260
By 261, 262, 263
In, With 260
Like, On, Over 264
Measurement and Amount 265
By, In, Into, Of 265
Place and Position 235
About, Among, Between 241
Above, Below, Over, Under 242
Across, Around, Off 240
After, Against, Behind, Near 244
Along, Beyond, Far from, In front of 245
As far as, Close to, Next to, Throughout 246
At 235
Beside, By, Inside, Outside 243
In 236
On 239
Some Other Prepositions 266
According to, In Order to, Unlike 268
After, With, Without 267
At, Despite, For, In 266
Time 252
About, Around, Through, Throughout 259
After, Before, For, Within 257
At 252
By 256
During, Since, Till, Until 258
From...Til, From...To 259
In 254
On 255
Within, Before, After, For 257
and Verbs 269
Add to, Agree on, Agree to, Agree with 269
Approve of, Believe in, Blame for 270
Belong in, Belong to, Care for 270
Compare to, Compare with 271
Complain about, Congratulate on, Consist of 271
Correspond to, Correspond with 272
Deal in/with, Deals in/with 272
Deal with, Die for, Die from, Die of 273
Decide in, Decide on 272
Excuse for 273

General Index/Índice Geral

Explain to, Fight for, Hear about / from / of 274
Hear out, Introduce for 274
Introduce to, Laugh at, Listen to, Look at 275
    Medicate with, Mention to 275
    Object to, Pay for, Prefer to, React to 276
    React against, Refer to 276
    Rely on, Respond to, Return to 277
    Search for, Stare at, Talk about 277
    Talk in, Talk to, Thank for 278
    Think about, Work for 278
Problematic Pairs 349
  All ready / Already 349
  Among / Between 349
  Amount / Number 350
  As / Like 350
  At the end / In the end 350
  Beside / Besides 351
  Borrow / Lend 351
  Cause / Reason 352
  Censer / Censor 352
  Client / Patient 353
  Compare to / Compare with 352
  Convince / Persuade 353
  Customer / Client 353
  Desert / Dessert 354
  Discover / Invent 354
  Earn / Win 354
  Few / A Few 355
  Fiancé / Fiancée 355

  Finger / Toe 355
  Good / Well 355
  Habit / Custom 356
  Human / Humane 356
  Ingenious / Ingenuous 356
  Leave / Let 357
  Little / A Little 357
  Made of / Made from 357
  Make / Do 358
  Moral / Morale 358
  Raise / Rise 358
  Refuse / Deny 359
  Remember / Remind 359
  Say / Tell 359
  Scene / Scenery 360
  Seat / Sit 361
  See / Look 361
  Stay / Remain 361
  Steal / Rob 362
  Story / History 362
  Take Place / Take part 364
  Than / Then 363
  To / Till 363
  To wait for / To wait on 364
  Very / Too 364
  Who / Whom 365
  Wounded / Injured, Hurt 365
Pronouns: 73
  Demonstrative 83
  Indefinite 85
  Interrogative 105
  Personal 73
    Object 74, 78
    Reflexive / Emphatic 74, 79
    Subject 73, 76
  Possessive 81

Relative 113
   Non-Restrictive Relative
   Clauses 118
   Restrictive Relative Clauses
   114
Punctuation 317
   Apostrophe 326
   Bracktes 327
   Comma 319
   Dash 328
   Ellipses 328
   Exclamation Point 318
   Parentheses 327
   Period 317
   Question Mark 318
   Quotation Marks 325
   Semicolon 323
   The Colon 323

R
Reflexive / Emphatic Pronouns 79
Relative Pronouns 113

S
Spelling Rules 307
Subject Pronouns 76
Subordination 290
Superlative 224

T
The Modal Auxiliaries 183
   Can / Could 183, 184
   May / Might 186
   Must 191
   Ought to 194
   Should 192
   Used to 197
   Will / Shall 188, 189
   Would 195
   Would rather 198

V
Verbs: 121
   and Prepositions 269
   Inseparable 346
   Irregular 383
   Separable 344
   Tenses 121
   Future 161
   Future Perfect 169
      Uses 171
   Future Perfect Progressive
   172
      Uses 174
   Future Progressive 166
      Uses 168
   Going to Future 163
      Uses 165
   Imperative 175
      Uses 176
   Passive Voice 178
      Uses 180
   Past Perfect 154
      Uses 156
   Past Perfect Progressive 158
      Uses 160
   Past Progressive 142
      Uses 144
   Present Perfect 146
      Uses 148
   Present Perfect Progressive
   151

General Index/Índice Geral

Uses 153
Present Progressive 130
   Uses 132
Simple Past: 135
   To be 137
   To have 139
   Uses 140

Simple Present: 121
   To Be 123
   To Have 125
   Uses 128
Will Future 161
   Uses 165
Of Two-Word 341

ÍNDICE GERAL / GENERAL INDEX

A
Adjetivos 57
  Concordância 57
  Formas Irregulares 69
    Comparativas 69
    Superlativas 69
  Graus: 61
    Grau Comparativo 62
    Grau Superlativo 66
  Demonstrativos 83
  Indefinidos 85
  Interrogativos 105
  Ordem 59
  Padrões de Comparação 62
  Posição 58
  Possessivos 81
Advérbios 213
  Com Força Conjuntiva 283
  Comparação: 221
    Grau de Igualdade 222
    Grau de Inferioridade 223
    Grau de Superioridade 221
    Irregulares 225
  Formação 218
  Posição 226
  Seqüência 234
  Superlativo 224
  Tipos 216
Artigo: 39
  Definido 39
    Omissões 45
    Usos Gerais 40
  Indefinido 50
    Omissões 55
    Usos Gerais 52

C
Caso Genitivo 28
Comparação, Padrões de 62
Conjunções: 279
  Coordenativas 280
  Subordinativas 290
Construções com of 102
  Indefinidos 102
Coordenação 279

F
Formas Comparativas 69

G
Gênero dos Substantivos 18
Gerúndio 203
  Usos 204
Graus dos Adjetivos 61

I
Indefinidos:
  Adjetivos e Pronomes 85
    All / Each / Every 94
    Any / Every / No / Some 99
    Any / Some 85
    Anybody /Anyone / Anything 99
    Both / Either / Neither 97

Índice Geral/General Index

    Enough / Several 93
    Everybody / Everyone / Everything 99
    Few, a Few / Little, a Little 92
    Few / Little / Many / Much 90
    Nobody / No one / Nothing 99
    No / None 89
    Somebody / Someone / Something 99
Artigos 50
    Usos Gerais 52
Em Construções com **of** 102
Interjeições 301
Interrogativos
    Adjetivos 105
        What 108
            Outros usos 111
        Which 108
        Whose 107
    Pronomes 105
        What, Which 108
        Who / Whom / Whose 106

L
Locuções Adverbiais 233

N
Números: 329
    Cardinais 329
    Ordinais 334

O
Omissões 45
    Artigo Definido 45
    Artigo Indefinido 55

P
Pares Problemáticos 349
    All ready / Already 349
    Among / Between 349
    Amount / Number 350
    As / Like 350
    At the end / In the end 350
    Beside / Besides 351
    Borrow / Lend 351
    Cause / Reason 352
    Censer / Censor 352
    Client / Patient 353
    Compare to / Compare with 352
    Convince / Persuade 353
    Customer / Client 353
    Desert / Dessert 354
    Discover / Invent 354
    Earn / Win 354
    Few / A Few 355
    Fiancé / Fiancée 355
    Finger / Toe 355
    Good / Well 355
    Habit / Custom 356
    Human / Humane 356
    Ingenious / Ingenuous 356
    Leave / Let 357
    Little / A Little 357
    Made of / Made from 357
    Make / Do 358
    Moral / Morale 358
    Raise / Rise 358
    Refuse / Deny 359
    Remember / Remind 359
    Say / Tell 359
    Scene / Scenery 360

Seat / Sit 361
See / Look 361
Stay / Remain 361
Steal / Rob 362
Story / History 362
Take place / Take part 364
Than / Then 363
To / Till 363
To wait for / To wait on 364
Very / Too 364
Who / Whom 365
Wounded / Injured, Hurt 365
Particípio 208
Passado, Usos do 211
Presente, Usos do 209
Peculiaridades da Linguagem 367
Comparações Populares 367
Provérbios e Ditos Populares 372
Plural dos Substantivos 22
Pontuação: 317
Aspas 325
Apóstrofo 326
Colchetes 327
Dois-pontos 323
Parênteses 327
Ponto 317
Ponto de Exclamação 318
Ponto de Interrogação 318
Ponto-e-vírgula 323
Reticências 328
Travessão 328
Vírgula 319
Preposições e Locuções
Prepositivas 235
Direção e Movimento: 247

About, Around, By, From 248
Across, Over, Up 249
At 251
Down 250
In, Into, Out of, To, Toward(s) 247
Lugar e Posição: 235
About, Among, Between 241
Above, Below, Over, Under 242
Across, Around, Off 240
After, Against, Behind, Near 244
Along, Beyond, Far from, In front of 245
As far as, Close to, Next to, Throughout 246
At 235
Beside, By, Inside, Outside 243
In 236
On 239
Medida e Quantidade 265
By, In, Into, Of 265
Modo, Instrumento, Agente e Meios de Transporte 260
By 261, 262, 263
In, With 260
Like, On, Over 264
Outras: 266
According to, In order to, Unlike 268
After, With, Without 267
At, Despite, For, In 266
Tempo: 252

About, Around, Through, Throughout 259
After, Before, For, Within 257
At 252
By 256
During, Since, Till, Until 258
From... Til, From... To 259
In 254
On 255
Within, Before, After, For 257
Preposições e Verbos: 269
Add to, Agree on, Agree to, Agree with 269
Approve of, Believe in, Blame for 270
Belong in, Belong to, Care for 270
Compare to, Compare with 271
Complain about, Congratulate on, Consist of 271
Correspond to, Correspond with 272
Deal in/with, Deals in/with 272
Deal with, Die for, Die from, Die of 273
Decide in, Decide on 272
Excuse for 273
Explain to, Fight for, Hear about/from/of 274
Hear out, Introduce for 274
Introduce to, Laugh at, Listen to, Look at 275
Medicate with, Mention to 275
Object to, Pay for, Prefer to, React to 276
React against, Refer to 276
Rely on, Respond to, Return to 277
Search for, Stare at, Talk about 277
Talk in, Talk to, Thank for 278
Think about, Work for 278
Pronomes: 73
Demonstrativos 83
Interrogativos 105
Pessoais 73
Oblíquos 74, 78
Reflexivos / Enfáticos 74, 79
Retos 73, 76
Possessivos 81
Relativos 113
Orações Relativas Explicativas 118
Orações Relativas Restritivas 114

R
Regras Ortográficas 307

S
Subordinação 290
Substantivos: 15
Abstratos 17
Caso Genitivo, O 28
Usos 32
Como Modificador 34
Concretos 15
Funções Sintáticas 35
Gênero 18
Plural 22
Superlativo 224

U
Uso de Maiúsculas 313

V
Verbos 121
- Auxiliares Modais, Os 183,
  - Can / Could 183, 184
  - May / Might 186
  - Must 191
  - Ought to 194
  - Should 192
  - Used to 197
  - Will / Shall 188, 189
  - Would 195
  - Would rather 198
- Inseparáveis 346
- Separáveis: 344
- de Duas Palavras 341
- e Preposições 269
- Irregulares 383
- Tempos: 121
  - Future 161
  - Future Perfect 169
    - Usos 171
  - Future Perfect Progressive 172
    - Usos 174
  - Future Progressive 166
    - Usos 168
  - Going to Future 163
    - Usos 165
  - Imperative 175
    - Usos 176
  - Past Perfect 154
    - Usos 156
  - Past Perfect Progressive 158
    - Usos 160
  - Past Progressive 142
    - Usos 144
  - Present Perfect 146
    - Usos 148
  - Present Perfect Progressive 151
    - Usos 153
  - Present Progressive 130
    - Usos 132
  - Simple Past 135
    - To be 137
    - To have 139
    - Usos 140
  - Simple Present 121
    - To Be 123
    - To Have 125
    - Usos 128
  - Voz Passiva 178
    - Usos 180
  - Will Future 161
    - Usos 165

Verbos Irregulares 383